«Andrés Panasiuk enseña principios de manejo económico que no sólo impactarán su empresa –también le cambiarán la vida».

**Dr. Frank Fuentes**
*Asesor Económico del Gobierno de la República Dominicana*

«El doctor Panasiuk es un orgullo de Latinoamérica para todo el mundo. Su forma sencilla de explicar ideas complejas le ha permitido impactar a millones de personas desde las áreas rurales de nuestros países, hasta los centros de autoridad económica y política en América Latina, África y Europa».

**Dr. Gustavo Espina**
*Exvicepresidente de Guatemala*

«Andrés tiene un verdadero corazón para Dios. Es un hombre del Señor que merece toda mi confianza».

**Alberto Mottesi**
*Alberto Mottesi Evangelistic Association*

«Andrés Panasiuk es un líder en todo aspecto a nivel mundial. Es una persona extraordinaria, un líder energético, competente y valeroso. Es un comunicador y escritor dotado por Dios. [...] Es un hombre de Dios en quien confío completamente».

**Dr. Howard Dayton,**
*Fundador Compass—Finances God's Way,*
*Fundador Crown Ministries*

«Andrés es un verdadero discípulo de Larry. Tanto él como Rochelle tienen un lugar muy especial en mi corazón. Continúan con el legado de Larry en la medida en la que enseñan en Latinoamérica y alrededor del mundo».

**Judy Burkett**
*Esposa del Dr. Larry Burkett (1939-2003)*
*Cofundadora de Christian Financial Concepts*

# DECISIONES
# QUE CUENTAN

*Principios para tomar decisiones económicas
que te cambiarán la vida*

## Andrés Panasiuk

**GRUPO NELSON**
Una división de Thomas Nelson Publishers
*Desde 1798*

NASHVILLE   MÉXICO DF.   RÍO DE JANEIRO

Editora en Jefe: *Graciela Lelli*
Edición: *Eugenio Orellana*
Diseño: *Grupo Nivel Uno, Inc.*

ISBN: 978-1-60255-929-5

*Impreso en Estados Unidos de América*

15 16 17 18 19 DCI 9 8 7 6 5 4 3 2 1

Para mis amigos líderes de todo el continente: pastores, ministros, emprendedores, profesionales y servidores públicos, con quienes hemos compartido toda una vida sirviendo a los demás.

# CONTENIDO

# LA REALIDAD SUPERA LA FICCIÓN

MARIANO VIVE EN UN PAÍS LATINOAMERICANO. Cuando nos vimos por primera vez, debía dos millones y medio de dólares a sus acreedores, de los cuales ochocientos mil correspondían a un cartel de la droga que operaba en su ciudad. Desesperado, una mañana bien temprano se arrodilló al lado de su cama y a gritos le pidió a Dios que le ayudara. Salió de su casa, se subió a su auto y encendió la radio. De pronto, escuchó al locutor que decía: «... y si usted quiere salirse de las deudas, debe hacerle caso al doctor Andrés Panasiuk... ¡Y ahora, su programa del día de hoy!». Detuvo su auto al costado del camino, escuchó el programa (que trataba, justamente, sobre cómo salir de deudas), tomó el teléfono y llamó para saber cómo contactarnos. Lo demás es una historia de trabajo duro, sufrimientos, intrigas, milagros increíbles y, finalmente, el alcance de una libertad que parecía imposible.

Frente a una historia como esta, uno se pregunta: «¿Cómo un empresario común, normal y corriente como Mariano puede meterse en problemas tan profundos?». La respuesta es: decisiones.

Jorge y Ernesto se llevaban tan bien que no solo pasaron su infancia juntos, sino que también estudiaron y se graduaron como contadores de una respetada universidad del Perú. Sin embargo, la amistad de tantos años se terminó trágicamente el día en que Jorge tuvo que pagarle a Ernesto diez mil dólares que le estaba debiendo. Ese mismo día, Jorge se suicidó de un balazo en la boca después de, presuntamente, haber tratado de matar a Ernesto cerca del famoso puerto de El Callao.

¿Cómo dos amigos de toda una vida pueden terminar de esa manera? La respuesta es: decisiones.

Pablo, un amigo médico que nos ayudó cuando recién comenzábamos el trabajo de alfabetización financiera en un país del Caribe, es hijo de una pareja pastoral. Por su amor a la gente, y especialmente a los niños, se había mudado al Caribe para servir a los más necesitados. Él inventó un aparato para mejorar la movilidad de los niños con problemas de caderas.

Una empresa norteamericana vio su invento e interesada en producirlo y distribuirlo alrededor del mundo para ponerlo al alcance de decenas de miles de personas necesitadas más allá del Caribe, se lo compró por una increíble suma de dinero. Un día en que estábamos en su casa y con un cafecito de por medio, me dijo mirándome todavía con incredulidad: «Andrés, ¡soy millonario!». Su inocencia me causó gracia. No se ven millonarios humildes todos los días.

Luego agregó: «Como hijo de pastor, siempre viví con muchas necesidades; pero ahora ¡por el resto de mi vida puedo dejar de trabajar en el hospital todos los días y dedicarme a mejorar la vida de los niños del Caribe!».

¿Cómo un médico misionero puede encontrarse de pronto con una cuenta de banco millonaria que no solo mejoraría la vida de decenas de miles de personas en todo el mundo, sino que también lo capacitaría para cumplir su llamado por el resto de su vida? La respuesta es: decisiones.

## LAS DECISIONES CUENTAN

En la vida, el éxito no se «alcanza»; se «vive».

Como lo he venido enseñando en más de cuarenta países del mundo, el éxito no es un lugar puntual en nuestra existencia (como si fuera el pico de una montaña), sino que es un camino. Al éxito no se llega, se va caminando exitosamente todos los días de la vida.

Y para caminar exitosamente el camino que tienes por delante, necesitas tomar decisiones acertadas todos los días.

Esa es la razón de este libro: enseñarte a tomar decisiones económicas basadas en principios eternos de la Palabra de Dios. Si tus decisiones están basadas en las Escrituras, tu camino será exitoso, sin importar que llegues a ser el presidente de una gran corporación, el pastor de una conocida megaiglesia, o termines con una flecha clavada en el corazón en el medio de la selva ecuatoriana.

El éxito es vivir en el centro de la voluntad de Dios. Para tenerlo en el mundo financiero, necesitarás conocer los principios eternos que te coloquen en ese lugar. Recuerda el principio universal según el cual no se puede hacer la voluntad de Dios violando la Palabra de Dios. Si obedeces, Deuteronomio 28 es para ti. Si desobedeces, también lo es.

Permíteme compartir contigo algunos principios en la toma de decisiones económicas que revolucionaron nuestras vidas durante los años de la década de los noventa. Te cambiarán la tuya también.

Te invito, entonces, a que echemos a andar juntos.

Andrés G. Panasiuk
Primavera de 2015

# CÓMO COMENZÓ ESTE LIBRO

HACE ALGUNOS AÑOS, RECIBÍ UNA LLAMADA DE MIS buenos amigos Esteban Vázquez, del Instituto CanZion, y Juan Vereecken, de Lidere, la organización que enseña en español los principios de liderazgo del doctor John Maxwell. Me pedían que hiciera un trabajo de investigación sobre la toma de decisiones económicas para líderes. Me imaginé que ese pedido era el resultado de haberse encontrado con la realidad de que los líderes latinoamericanos tienen dificultades para tomar decisiones económicas basadas en los principios de la Palabra de Dios y, por lo tanto, se meten en serios problemas financieros con sus organizaciones y empresas.

Acepté el reto y para llevarlo a cabo decidí tomar seis de las veintiún leyes irrefutables del liderazgo de Maxwell (de su libro del mismo título) y analizarlas desde el punto de vista financiero. Luego, elegí ejemplos de la Biblia que ilustraran las leyes que estábamos tratando de enseñar, y agregué algunas aplicaciones prácticas y una serie de preguntas para el autoanálisis.

Así es como nació la idea de este libro. Primero, fue una serie de enseñanzas que llevé a líderes ministeriales y empresariales en varios países del mundo. Luego, con el auspicio del Instituto CanZion y en conjunto con Lidere, armamos un curso en línea. Finalmente, todo eso se transformó en un seminario de seis horas llamado «Decisiones que cuentan».

El alto nivel de interés demostrado por el liderazgo alrededor del mundo me convenció de la importancia de plasmar en un libro todas estas enseñanzas y herramientas para apoyarlos en sus labores empresariales, eclesiásticas y ministeriales.

El equipo que ahora forma El Instituto para la Cultura Financiera ha entrenado, cara a cara, a decenas de miles de ministros, emprendedores y empresarios en todo el continente. Conocemos sus sueños, admiramos su pasión por la Obra y queremos, de una manera tangible, ayudarles a tomar decisiones económicas que les permitan maximizar los recursos que Dios ha colocado en sus manos.

Permíteme comentarte lo que hemos aprendido en casi veinte años de enseñar mayordomía bíblica alrededor del mundo. Estos principios han hecho una gran diferencia en la forma en que hemos desarrollado nuestra organización, y espero que hagan una gran diferencia en la tuya.

Tomaremos, entonces, seis de las veintiún leyes irrefutables de Maxwell y las analizaremos desde un punto de vista financiero. Luego, agregaremos algún material personal, casos de estudio, preguntas de reflexión y actividades de apoyo para crear un material que puedas discutir con tus líderes en el mundo empresarial y ministerial.

Este es mi plan:

| CAPÍTULO | LEYES IRREFUTABLES | DEFINICIÓN PERSONAL (MÍA) | PERSONAJE BÍBLICO |
| --- | --- | --- | --- |
| 1 | La **LEY** del **TOPE** | Una organización nunca crecerá más que su propia capacidad de liderazgo. | Roboam |
| 2 | La **LEY** de la **NAVEGACIÓN** | Cualquiera puede pilotear un barco, pero solo un líder puede marcar el curso. | Moisés |

| 3 | La **LEY** del **PROCESO** | El éxito instantáneo no existe. Un éxito económico requiere un *proceso*. | Salomón |
|---|---|---|---|
| 4 | La **LEY** de la **CONEXIÓN** | La sinergia de una alianza saludable es más productiva que la suma de los resultados que pudiesen obtener sus partes individuales. | Josafat |
| 5 | La **LEY** de las **PRIORIDADES** | El trabajar mucho no necesariamente significa estar haciendo lo correcto. | Eliseo |
| 6 | La **LEY** del **SACRIFICIO PERSONAL** | El éxito económico de una organización requiere cierto sacrificio personal del líder. | Josué |
| 7 | La **LEY** universal de la **ELECCIÓN** | Entre el estímulo y la respuesta, todos tenemos el poder de elegir. | Israel |

**CAPÍTULO**

# LA LEY DEL TOPE

LA CAPACIDAD DE LIDERAZGO DETERMINA EL
NIVEL DE EFICACIA DE UNA PERSONA.[1]

**—JOHN MAXWELL**

Roboam es el ejemplo clásico de cómo alguien puede, de la noche a la mañana, perder la mayor fortuna del mundo.

Leamos juntos este pasaje para refrescar la memoria:

Roboam fue a Siquem, donde todo Israel se había reunido para proclamarlo rey. Cuando Jeroboam, hijo de Nabat, se enteró de esto, regresó de Egipto, donde había huido para escapar del rey Salomón. Entonces los líderes de Israel mandaron a llamar a Jeroboam, y él junto con todo Israel fueron a hablar con Roboam.

—Su padre fue un amo muy duro —le dijeron—. Alivie los trabajos tan pesados y los impuestos tan altos que su padre impuso sobre nosotros. Entonces seremos sus leales súbditos.

Roboam les respondió:

—Regresen en tres días y les daré una respuesta.

Entonces el pueblo se retiró.

Después el rey Roboam consultó el asunto con los ancianos que habían sido consejeros de su padre Salomón.

—¿Qué me aconsejan ustedes? —les preguntó—. ¿Cómo debo responder a este pueblo?

Los consejeros ancianos contestaron:

—Si se muestra bondadoso con este pueblo y hace todo lo posible por complacerlos y darles una respuesta favorable, ellos siempre serán sus leales súbditos.

Sin embargo, Roboam rechazó el consejo de los ancianos y pidió, en cambio, la opinión de los jóvenes que se habían criado con él y que ahora eran sus consejeros.

—¿Qué me aconsejan ustedes? —les preguntó—. ¿Cómo debo responder a esta gente que me pide que alivie las cargas que impuso mi padre?

Los jóvenes contestaron:

—Así debería responder a esos que se quejan de todo y que quieren una carga más liviana: «¡Mi dedo meñique es más grueso que la cintura de mi padre! Es cierto que mi padre les impuso cargas pesadas, ¡pero yo las haré aún más pesadas! ¡Mi padre los golpeaba con látigos, pero yo los azotaré con escorpiones!».

Tres días después, Jeroboam y toda la gente regresaron para conocer la decisión de Roboam, tal como el rey había ordenado. Entonces Roboam les habló con dureza, porque rechazó el consejo de los ancianos y siguió el consejo de los más jóvenes. Así que le dijo al pueblo: «Mi padre les impuso cargas pesadas, ¡pero yo las haré aún más pesadas! Mi padre los golpeaba con látigos, ¡pero yo los azotaré con escorpiones!».

Por lo tanto, el rey no prestó atención al pueblo. Este giro en la historia ocurrió por voluntad de Dios, porque cumplía el mensaje que el SEÑOR le había dado a Jeroboam, hijo de Nabat, por medio del profeta Ahías de Silo.

Cuando todos los israelitas se dieron cuenta de que el rey no iba a hacerles caso, respondieron:

«¡Abajo la dinastía de David!

No nos interesa para nada el hijo de Isaí.

¡Regresa a tu casa, Israel!

Y tú, David, ¡cuida de tu propia casa!».

Entonces el pueblo de Israel regresó a casa; pero Roboam siguió gobernando a los israelitas que vivían en las ciudades de Judá.

Luego el rey Roboam envió a Adoniram, quien estaba a cargo de los trabajadores, a restaurar el orden, pero el pueblo de Israel lo apedreó a muerte. Cuando el rey Roboam se enteró, enseguida subió a su carro de guerra y huyó a Jerusalén. Hasta el día de hoy, las tribus del norte de Israel se han negado a ser gobernadas por un descendiente de David. (2 Crónicas 10.1–19, NTV)

Después de ochenta años de sacrificios y sufrimientos —cuarenta por parte de su abuelo David y cuarenta de una magnífica administración por parte de su padre Salomón— Roboam se ve confrontado en su primer día de trabajo con una decisión financiera... ¡y falla miserablemente!

Roboam carecía de un criterio sabio para tomar decisiones económicas en un reino que le quedaba muy grande. Era joven, inexperto, arrogante y vanidoso. No tenía la humildad que había tenido su padre Salomón en su juventud. Sus propias limitaciones personales en el área de la administración lo llevarían a perder lo que no podía (o no sabía) manejar.

Salomón, con un alto nivel de capacidad administrativa, manejó un reino «de alto vuelo» (ver 2 Crónicas 9.13–28 o 1 Reyes 5.12–18). Roboam, con una capacidad de administración mucho más limitada, inmediatamente pierde diez de las doce tribus de Israel y reduce el reino a su propio nivel y capacidad de administración personal.

Cuando pienso en la Ley del tope, la defino de esta manera:

Una organización nunca crecerá más que su propia capacidad de liderazgo.

### Las limitaciones de Roboam

Todo el mundo tiene limitaciones. Superman parece no tenerlas, sin embargo es un personaje de ficción. Con la excepción de Jesucristo, debemos reconocer que todos y cada uno de los habitantes de este planeta tenemos un *techo* en nuestro liderazgo. Pero ese no es el problema. El problema es negarnos a reconocerlo.

Cuando nuestro orgullo personal, nuestra baja autoestima o nuestras propias inseguridades personales se interponen en el camino, no nos dejan ver la realidad. Es entonces cuando terminamos comportándonos como Roboam: ciegos a nuestras propias debilidades e incapaces de aceptar la ayuda de aquellos que pueden coadyuvar a que las superemos.

En octubre de 2001 comenzó lo que para ese entonces fue el mayor escándalo empresarial en la historia de Estados Unidos: el escándalo de Enron, la empresa de energía más extensa del mundo[2] y la séptima sociedad cotizada en la bolsa más grande de Estados Unidos.[3] Su colapso llevó a que decenas de miles de trabajadores se quedaran sin trabajo y perdieran una parte importante de sus pensiones. El escándalo de Enron fue el detonante para la destrucción de Arthur Andersen, una de las cinco mayores empresas de contaduría del planeta. Y, finalmente, generó la pérdida de más de cuarenta mil millones de dólares por parte de trabajadores e inversionistas. En el corazón del problema, según un reporte del senado norteamericano, se encontraba el carácter de sus dirigentes.

Todo el liderazgo ejecutivo de Enron tenía un doctorado en mercadotecnia o en administración de empresas. Eran ladrones bien educados.

Por otro lado, mirando aún más alto —al consejo de directores de la empresa— el reporte del senado, producido por el Subcomité Permanente de Investigaciones nos dice:

En 2001, el Consejo de Directores de Enron tenía quince miembros, muchos de los cuales tenían veinte años o más de experiencia en el Consejo o en otras compañías para las que habían trabajado anteriormente. Muchos miembros del Consejo pertenecían también a Consejos de Directores de otras empresas. En la audiencia, John Duncan, expresidente del Comité Ejecutivo del Consejo, describió a sus compañeros miembros de la Junta como «educados, experimentados, hombres y mujeres de negocio exitosos» y «expertos en las áreas de finanzas y contabilidad». En las entrevistas del Subcomité se encontró que los miembros del Consejo de Directores tenían, por un lado, una gran experiencia en negocios sofisticados y de inversión y, por el otro, una gran experiencia en contabilidad, derivativos y en estructuración de financiación para la empresa.[4]

El liderazgo de la empresa de energía más grande del mundo no se dio cuenta de que su problema no era la preparación, educación o sofisticación de su liderazgo. Su talón de Aquiles era moral.

Es por eso que desde entonces, cuando realizo capacitaciones y asesorías empresariales alrededor del mundo, siempre repito lo que he escuchado tantas veces a profesores de las universidades más respetables de Estados Unidos desde comienzos de siglo: *toma carácter*. Cuando estés frente a la necesidad de llenar un cargo en la empresa o ministerio, toma carácter sobre capacidad.

La capacidad la puedes incrementar con entrenamiento. El carácter se forja a fuego lento. Se moldea a través del tiempo y muchas veces se hace en el transcurso de las interacciones con familiares y amigos de la infancia. Es muy difícil forjar carácter dentro de la empresa.

A Roboam le pasaba lo mismo. Tanto él como su equipo de liderazgo tenían serios problemas de carácter. Cuando miramos al pasaje de 2 Crónicas 10.1–19, vemos que el joven rey de Israel tenía tres limitaciones: en su carácter, en su conducta y, finalmente, en su criterio. Veamos una por una.

1. Limitaciones de carácter
2. Limitaciones de conducta
3. Limitaciones de criterio

# 1. Las limitaciones en el carácter de Roboam

A finales de los años noventa cuando mi buen amigo Sam Rodriguez (y a través de él, el Grupo Nelson) me pidió que escribiera un libro sobre alfabetización financiera, me puse en la senda que me llevaría a realizar uno de los descubrimientos más revolucionarios de mi vida: descubrí que cuando hablamos del manejo del dinero (o de la empresa), enseñar el *ser* es más importante que enseñar el *hacer*.

Para mí, forjar el *ser* es mucho más importante que el *hacer*. El ser maneja el hacer.

Quién soy determina cómo pienso. Cómo pienso determina cómo tomo decisiones, y las decisiones que tomo determinan mi éxito o mi fracaso en la vida.

El problema de los directivos de Enron no fue falta de conocimiento o capacidad personal para realizar su trabajo. Eran altamente educados y capacitados. Su problema fue que comenzaron a pensar que *el fin justificaba los medios* y que se podían suspender las reglas de ética establecidas en las políticas de la empresa con el fin de proveer la ilusión de una mayor rentabilidad a los accionistas.

En el fondo, fue esa línea de pensamiento cimentada en cosas como el orgullo, la ambición, la avaricia, el amor al dinero y al poder la que los llevó a la destrucción.

El doctor Larry Burkett (1939–2003) siempre me decía que la forma como manejamos nuestro dinero es «una *expresión externa* de una *condición espiritual interna*».

Estoy absolutamente de acuerdo con él. Luego de viajar millones de kilómetros alrededor del mundo y conocer la historia de cientos de líderes ministeriales y empresariales, cada día me convenzo más de que el secreto para correr exitosamente la carrera que Dios nos puso por delante se encuentra en cómo somos y *luego* en qué hacemos.

Cómo tomo decisiones económicas está conectado con quién soy en mi vida interior. Una vez escuché a Luis Palau decir: «¡En la vida secreta está el secreto!». Y tiene muchísima razón. Recuerdo de joven estar sentado en el auditorio Torrey-Gray del Instituto Bíblico Moody y escuchar a George Sweeting (en ese entonces, presidente del instituto) citar a D. L. Moody diciéndonos: «Carácter es lo que es una persona en la oscuridad».

Una gran verdad.

Warren Wiersbe, en su libro ¿*Practica la iglesia lo que predica?: La integridad en crisis*, dice:

> Si usted quiere saber cómo una determinada persona realmente es, debe hacerse tres preguntas: ¿Qué lo hace reír?, ¿qué lo hace enojar? y ¿qué lo hace llorar?
>
> Estas preguntas son pruebas bastante buenas para descubrir el carácter de una persona, especialmente para aquellos que son líderes cristianos. A veces escucho a la gente decir: «¡Necesitamos de líderes enojados el día de hoy!», o «¡Ha llegado el momento de practicar un cristianismo militante!». Tal vez sea verdad... pero «la ira del hombre no obra la justicia de Dios» (Santiago 1.20).
>
> Lo que necesitamos hoy no es ira, sino *angustia*, el tipo de angustia que Moisés demostró cuando rompió las dos tablas de la ley y luego subió a la montaña para interceder por su pueblo. O la que Jesús demostró cuando limpió el templo y luego lloró sobre la ciudad. La diferencia entre la ira y la angustia es un corazón roto. Es fácil enojarse, especialmente por los pecados de los demás, pero no es fácil mirar el pecado, incluido el nuestro, y llorar por él.[5]

¿Qué nos hace reír? ¿Qué nos hace llorar? ¿Qué es lo que llena nuestro corazón de *angustia*? ¿Cuáles son las marcas de nuestro carácter? ¿Qué diría nuestra esposa de nosotros si le preguntásemos sobre nuestro carácter y sobre las características de nuestra personalidad?

Hace algunos años, la empresa fabricante de aviones Douglas estaba compitiendo con la Boeing para venderle a la aerolínea Eastern sus primeros motores *jets*. En esa época, el presidente de la Eastern era el conocido aviador y héroe de guerra Eddie Rickenbacker. Se dice que hacia el final de las negociaciones Rickenbacker le dijo a Donald Douglas que las especificaciones que le había dado para sus aviones demostraban que los DC-8 eran tan buenos como los de Boeing, excepto por la cantidad de ruido dentro del avión. Y que le daría una última oportunidad para mejorar su propuesta. Tendría la posibilidad de cambiar los indicadores de ruido dentro del avión, ofrecer mejores números que la Boeing y así ganar el contrato. Luego de consultar con sus ingenieros, Douglas llamó a Rickenbacker y le dijo que la verdad era que no podía cambiar los números. No podía prometer que sus aviones tuvieran menor cantidad de ruido en la cabina. Rickenbacker, un veterano aviador, entonces le contestó: «Yo ya lo sabía. Solo quería ver si usted era todavía honesto» y firmó con él un contrato multimillonario para la provisión de los motores.[6]

A mediados de los años noventa colaboré con Larry Burkett y el empresario Lee Ellis (www.leeellis.us) en el proceso de crear una herramienta para ayudar a las oficinas de recursos humanos de ministerios y empresas a describir el perfil de personalidad de sus trabajadores. En el proceso de orientar vocacionalmente a miles y miles de personas alrededor del mundo, utilizamos una herramienta que, básicamente, dividía las diferentes personalidades en cuatro tendencias básicas: dominantes, interactivos, estables y conscientes.

A pesar de que en cada país estos exámenes de personalidad pudieran recibir un nombre diferente, el nombre internacional es «DISC».

Quizás hayas leído sobre estos diferentes tipos de personalidades en el libro de Tim LaHaye, *Temperamentos controlados por el Espíritu*.[7] Son los temperamentos conocidos como colérico, sanguíneo, flemático y melancólico. En mi opinión, la gran mayoría de los líderes en altos mandos a nivel ministerial y empresarial tienen una importante influencia dominante/colérica en su carácter ¡y aquí me incluyo yo! Ese perfil de personalidad nos hace pensar de una manera determinada y algunas veces nos lleva a tomar decisiones, especialmente económicas, de una manera riesgosa.

Hace mucho tiempo que vengo enseñando alrededor del mundo sobre perfiles de personalidad. En realidad, vengo liderando enfocado en estos perfiles desde que salí de la universidad y tomé la administración de una conocida emisora de radio no-comercial en Chicago a comienzos de los años noventa.

Primero te mostraré algunas «palabras claves» para este perfil porque sé que quizás prefieras solo leer unas pocas palabras en vez leer toda la descripción. Luego, te mostraré el tipo de tendencias de pensamiento que tenemos como líderes y que nos llevan a tomar algunas decisiones que luego pueden producirnos serias dificultades en el liderazgo. Por supuesto, no será una descripción exacta de nuestra personalidad, pero sí un espejo que nos mostrará «tendencias de carácter».

## Carácter directivo/colérico

| PALABRAS CLAVE | |
| --- | --- |
| Áreas fuertes | Debilidades |
| • Independiente | • Impaciente |
| • Busca resultados | • Insensible |
| • Confiado | • No detallista |
| • Directo | • Pobre oyente |
| • Bueno para resolver problemas | • Odia las rutinas |

Aquí está el perfil del colérico o dominante en detalle: la gente con una personalidad dominante tiene una tendencia natural hacia el *control* del ambiente de trabajo. Son usualmente *firmes, directos* y *de voluntad fuerte.* Son típicamente *agresivos* y *temerarios.* Obtienen *resultados* a través de la *acción.* Funcionan mejor en un ambiente *desafiante.*

Los coléricos no están orientados hacia las personas. Ellas son instrumentos en sus manos para el cumplimiento exitoso de sus metas. Si sirven para cumplir las metas, establecen relaciones transaccionales con ellas; si no les sirven, se descarta la posibilidad de la relación interpersonal.

Además, los coléricos no son detallistas. Se les escapan los detalles de las decisiones, acuerdos y reuniones y, por eso, a veces tienen problemas con sus asociados. Las leyes son «buenas recomendaciones» para los coléricos. Por supuesto, no están para ser seguidas al pie de la letra; están para ser seguidas y adaptadas de acuerdo con el cumplimiento de los logros que quieren alcanzar.

Los dominantes se sienten seguros de sí mismos, aun cuando no saben muy bien lo que están haciendo. Eso es porque, en el fondo, piensan que sí lo saben. No es que se dan cuenta de que en realidad no lo saben y por ende dan la apariencia de tener seguridad personal. Son excelentes en resolver problemas y toman decisiones con suma rapidez. Son impacientes. No es raro que después de un tiempo pierdan el interés en el proyecto que están realizando para comenzar a buscar un nuevo desafío, una nueva meta por conquistar.

### El colérico y sus finanzas

En el ámbito de las finanzas, el dominante/colérico toma decisiones económicas en forma firme, rápida e impulsiva. Tiene la tendencia a desarrollar negocios exitosos y a proveer liderazgo en momentos de incertidumbre y dificultad. Sin embargo, le resulta difícil vivir obedeciendo un presupuesto y tiene la tendencia a asumir grandes riesgos y a vivir fuera de sus capacidades económicas.

Como tiene la capacidad de influenciar el futuro —y lo sabe—, tiende a realizar compromisos presentes basados únicamente en ganancias futuras, violando el Principio de la presunción del futuro. También tiene la tendencia a violar el Principio del compromiso garantizado (tomar un compromiso económico sin tener una forma cierta de pagarlo).

Esto le lleva a tener serios problemas con las deudas, especialmente con los préstamos y las tarjetas de crédito en la economía latinoamericana de hoy. Su falta de atención a los detalles, su enfoque en las metas y su testarudez lo llevan, muchas veces, a desarrollar problemas financieros en sus negocios y en su relación de pareja. Tiene la tendencia de poner a su familia en riesgos económicos con el fin de cumplir con sus metas de negocios.

Puede meterse en serios problemas con la ley si está bajo mucha presión financiera porque para él «el fin justifica los medios».

### El caso Monterrey

Hace no mucho tiempo atrás tuve la oportunidad de hablar en el aniversario de una gran compañía mexicana que tiene su casa matriz en la ciudad de Monterrey. Los fundadores de la empresa, desde sus primeros comienzos, hicieron un compromiso serio de manejarla con el más alto nivel de honestidad e integridad. Cuando fui a celebrar con ellos sus veinte años en el mercado, me mostraron cómo cada mes enfatizan un determinado valor moral entre todos los empleados.

La pregunta, entonces, fue obvia: «¿Cómo pudieron sobrevivir siendo absolutamente honestos en medio de un ecosistema de negocios tan difícil como el latinoamericano?». La respuesta no se hizo esperar: «Al principio fue muy difícil», me dijo el fundador, «sin embargo, con el correr del tiempo y nuestra demostración de integridad en forma consistente, las mejores y más grandes empresas de Estados Unidos comenzaron a trabajar con nosotros no porque les prometiéramos las mayores ganancias, sino porque se dieron cuenta de que les hablábamos con la verdad y que nunca les íbamos a traicionar».

La honestidad y la integridad atraen a gente honesta e íntegra. Con esos socios, uno puede hacer negocios con mucha más facilidad, rapidez y eficiencia. Es una buena manera de poder desarrollar una *ventaja comparativa* que nos permita ganarle a la competencia. El buen carácter paga bien.

Permíteme comentar contigo, entonces, las limitaciones de carácter en la vida de Roboam que vemos en este pasaje de 2 Crónicas 10.

## a. Roboam necesitaba un carácter más humilde

Al momento de asumir el reinado, Roboam lo hace con un corazón muy diferente al de su padre. En la primera prueba importante de su vida como líder no demuestra el mismo nivel de humildad que su padre Salomón.

Cuando Dios se encuentra con Salomón y ofrece darle cualquier cosa que le pida, Salomón responde: «Dame un corazón comprensivo para que pueda gobernar bien a tu pueblo, y sepa la diferencia entre el bien y el mal. Pues, ¿quién puede gobernar por su propia cuenta a este gran pueblo tuyo?» (1 Reyes 3.9, NTV).

Su humildad honesta y sencilla agrada a Dios, así es que le concede lo que pide, pero además le da éxito en el mundo empresarial, en su liderazgo y en el manejo del dinero. Salomón, como lo veremos un par de capítulos más adelante, se convierte en el hombre más sabio y rico del mundo.

Un día de gracia vale más que mil días de trabajo. Lo que hoy necesitamos como líderes no es más trabajo (porque ya trabajamos como burros, ¿no?); lo que necesitamos es más gracia. Y la Palabra de Dios nos dice que «Dios resiste a los soberbios, y da *gracia* a los humildes» (1 Pedro 5.5, RVR60, cursivas mías).

Mucha gente en nuestra cultura cree que demostrar humildad y mansedumbre es una expresión de debilidad de carácter. ¡Lejos de eso! La humildad de corazón es una muestra de fortaleza controlada.

Cuando mis hijos eran pequeños, acostumbrábamos «luchar» sobre la alfombra de la sala de estar. El papá, más fuerte que ellos, podía haberlos aplastado si hubiese querido; sin embargo, por un «milagro» que solo se puede explicar en el corazón de un padre, mis hijos siempre terminaban ganándome. Mi humildad y mansedumbre no eran una demostración de debilidad, sino una gran capacidad de fuerza y poder que se encontraba bajo control.

Tener una gran capacidad de producción, tener la habilidad de manejar altos niveles de complejidad organizacional, tener un intelecto bendecido por Dios y ser humilde de corazón no son conceptos incompatibles; al contrario, son complementarios.

En Mateo 11.29 (RVR60) leemos que Jesucristo dijo: «Aprended de mí, que soy manso y humilde de corazón», y en las bienaventuranzas nos dice: «Dios bendice a los que son humildes, porque heredarán toda la tierra» (Mateo 5.5, NTV).

La Palabra de Dios nos advierte en Proverbios 16.18 que «Antes del quebrantamiento es la soberbia, y antes de la caída la altivez de espíritu» (RVR60).

Es posible predecir la caída de un líder ministerial o empresarial por el incremento en su actitud de soberbia y altivez de espíritu.

El asunto no es qué tan alto podemos saltar sino qué tan derecho podemos caminar una vez que tocamos tierra.

## b. Roboam necesitaba un carácter más paciente (2 Crónicas 10.7)

La paciencia ocupa el cuarto lugar en la lista del fruto del Espíritu que hace el apóstol Pablo según leemos en la carta a los Gálatas 5.22. La paciencia es una demostración de nuestra madurez cristiana; es una marca de haber crecido como personas.

Nuestras tendencias naturales nos llevan a ser impacientes y a querer resultados ¡ya! Por eso, muchas veces, terminamos pagando más por productos que podríamos haber comprado al contado. En vez de utilizar el «compre ahora y pague después», deberíamos reemplazarlo por el «ahorre ahora y compre después... al contado».

Roboam quería resultados inmediatos. No estaba interesado en practicar la gratificación diferida al invertir emocional y financieramente en el presente para poder cosechar un liderazgo exitoso en el futuro. Los sabios consejeros de su padre le dijeron: «Si se muestra bondadoso con este pueblo y hace todo lo posible por complacerlos y darles una respuesta favorable, ellos siempre serán sus leales súbditos» (2 Crónicas 10.7, NTV).

Roboam, sin embargo, decidió desoír ese buen consejo y eso le llevó a tener tremendos problemas para poder establecer su liderazgo en todo el territorio de Israel. Nosotros como líderes estamos expuestos al mismo problema: muchas veces compartimos con Roboam un perfil de personalidad dominante que nos lleva a ser pragmáticos y apurados, en vez de cimentar nuestras decisiones en la Palabra de Dios y esperar el *kairós* —el «tiempo apropiado de Dios»— para saltar al vacío o caminar sobre el agua.

### El caso de Margarita

Hace algunos años, mi esposa y yo invitamos a una excelente puertorriqueña (que llamaré Margarita) a ser mi asistente administrativa en la organización internacional que me tocaba liderar desde el norte de Atlanta. Cuando la trajimos de su tierra natal, le prometimos a su madre que la cuidaríamos y nos aseguraríamos de que estuviera cómoda y segura en su nueva ciudad y lugar de ministerio.

Luego de conseguirle una linda casa donde vivir, la siguiente tarea fue buscarle un medio de transporte. Recuerdo el día en que Margarita me preguntó:

«Doctor Panasiuk, ¿me ayudaría a comprar un autito?».

«¡Por supuesto!», le dije, «pero con una condición: que si en el medio de la negociación yo me levanto y me voy, tú sales detrás de mí».

«¡De acuerdo!», dijo Margarita.

Entonces nos sentamos, miramos sus entradas de dinero e hicimos un cálculo de cuánto era lo máximo que podía pagar en mensualidades por el auto. (Te recomiendo que siempre tengas en tu biblioteca o les regales a tus empleados un ejemplar del libro *¿Cómo compro inteligentemente?* que publicamos con Grupo Nelson hace algunos años atrás. Te ayudará a hacer lo mismo con ellos. Como dato interesante: en Estados Unidos, recomendamos a la gente que no invierta más del 14% de su dinero disponible en todos sus gastos de transporte. Dinero disponible es lo que le queda a uno después de haberle dado «a César lo que es de César y a Dios lo que es de Dios»). Eso nos dio un número exacto que colocamos delante de la presencia de Dios en oración.

Un par de días después —un viernes por la tarde—, mi esposa, Margarita y yo fuimos a ver a un muy buen amigo que es dueño de una concesionaria de automóviles. Cuando nos vio llegar, salió a saludarnos y a preguntarnos qué podía hacer por nosotros. Yo le conté la historia, le dije que Margarita era una misionera de nuestra organización, que venía de la bella isla de Puerto Rico y que necesitábamos encontrar para ella un auto «bueno, bonito y barato».

«¡Tengo exactamente lo que necesitan!», me dijo, e inmediatamente le indicó a uno de sus vendedores que nos mostrara el autito japonés blanco que acababan de recibir como parte de pago por otro auto más grande.

Cuando nos lo trajeron —recién lavado, aspirado y lustrado— parecía una joyita sentada en el estacionamiento del concesionario. Parecía ser justo lo que Margarita necesitaba. Aunque era pequeñito y solo tenía un equipamiento básico, se veía muy bien cuidado, limpito, marchaba magníficamente bien y tenía suficiente espacio interior como para que mi asistente administrativa se movilizara cómodamente.

Sin embargo, cuando nos sentamos a ver los números y calculamos el pago mensual, descubrimos que los gastos por concepto de transporte se excedían en unos cincuenta dólares. Cuando pedimos una rebaja en el valor del auto, se nos dijo que ese era el precio por el que ellos habían comprado el auto y que debían venderlo a exactamente el mismo precio para no tener una pérdida.

Yo entonces agradecí al vendedor su ayuda, me levanté y comencé a caminar para salir de la oficina. Me di cuenta de que Margarita no me seguía. Al volverme, la vi todavía sentada junto al escritorio.

«Vamos, Margarita», le dije.

Mirándome con ojos suplicantes, movía la cabeza en sentido negativo.

«¿Cómo que *no*?», le dije. «Me prometiste que si yo me iba, tú saldrías conmigo...».

«Sí», me susurró en voz baja. «¡Pero es que está tan lindo! ¡Y son solo cincuenta dólares más!».

«Margarita...», le dije con cariño y firmeza al mismo tiempo, «¡vamos!».

Prácticamente tuve que arrastrarla fuera de la oficina del concesionario y empujarla para que entrara en mi auto y se sentara en la parte posterior.

El domingo, después del servicio de la mañana, fui a ver al pastor principal de la iglesia americana a quien mi esposa y yo estábamos ayudando a comenzar un trabajo entre los hispanos.

Le hablé de Margarita, de su trabajo misionero entre nosotros y de la necesidad de conseguirle un automóvil, que no tenía aún a poco de haber llegado a trabajar con nosotros. Le pregunté si no conocía a alguna persona de la congregación (entre sus cinco mil asistentes), que estuviera vendiendo algún auto «bueno, bonito y barato».

«¡Qué bien que me lo pregunte!», me dijo. «Justamente ayer por la tarde vino a mi oficina una pareja mayor de nuestra iglesia para decirme que estaban pensando comprarse un auto nuevo. Cuando hicieron las cuentas y descubrieron lo poco que les darían por su auto usado a cambio del nuevo decidieron donarlo. Me dijeron que quizás alguien en la iglesia necesitara transportación y ellos querían entregar su auto para llenar esa necesidad. Así es que, ¡adelante!». Y abriendo el cajón de su escritorio, tomó las llaves y el título del auto y me los entregó.

Cuando mi esposa y yo salimos al estacionamiento a ver el vehículo, ¡casi nos caímos de espaldas! Era un auto de lujo, en condiciones impecables, con todo el equipamiento que uno pudiese soñar... ¡y mucho más!

Cuando el lunes Margarita llegó a la oficina y la noticia se difundió, ¡todas las asistentes administrativas de la organización querían trabajar para mí! Se preguntaban cuánto les pagaba a mis asistentes. En cuanto a Margarita, no lo podía creer.

¿Cuál es la lección que podemos aprender de este incidente? Si Margarita hubiese comprado su autito japonés el día viernes, posiblemente el domingo en el servicio de la mañana se hubiese puesto de pie y hubiese dicho algo así como: «Quiero agradecer a Dios por haberme provisto de un autito esta semana. ¡Bueno, bonito y barato!». Pero, ¿era *ese* el auto que Dios tenía preparado para ella? Todo indica que no, ¿verdad? Dios tenía para ella algo muchísimo mejor esperándola aquel domingo por la mañana... ¡y a un precio inmejorable!

Aquí el secreto fue saber entender que el auto del viernes no era la provisión de Dios para su vida, porque representaba más de lo que ella podía pagar. Dios lo sabía y estaba listo para proveer para sus necesidades —y, aún más que sus necesidades— a un precio mucho, muchísimo mejor.

Yo soy un fiel creyente en el concepto del *kairós*: el tiempo perfecto de Dios para que ciertas cosas ocurran. Lo pido. Lo creo. Lo espero. He visto a través de los años que cuando uno actúa en el tiempo perfecto de Dios, todo cae en su lugar de la manera en la que debe caer (o mejor).

Roboam no quiso esperar el *kairós* de Dios. Él quiso recibir el poder, el liderazgo y los recursos económicos instantáneamente. No supo sembrar en la vida de su pueblo. No se dio cuenta de que el liderazgo se entrega, no se toma. Su impaciencia lo llevó a la ruina.

### c. Roboam necesitaba un carácter más misericordioso

A pesar de que las tribus del norte ya estaban resentidas con su gobierno y tendían a seguir al enemigo de su padre, Jeroboam, Roboam podría haberse mostrado más misericordioso con ellos por ser parte del pueblo elegido de Dios y por ser ellos sus hermanos, más que sus «súbditos». Roboam no siguió el ejemplo de su abuelo, quien en numerosas ocasiones se mostró misericordioso incluso con sus enemigos.

Por ejemplo, en 1 Samuel 24 leemos que David se encuentra con una oportunidad de oro para matar a Saúl y así terminar con aquel que le buscaba para matarle. Sin embargo, y a pesar de que Saúl no hubiese hecho lo mismo, David se muestra misericordioso frente a su indefenso enemigo y le perdona la vida. Luego, le dice: «Que el SEÑOR juzgue entre nosotros. Tal vez el SEÑOR lo castigue por lo que intenta hacer, pero yo nunca le haré daño. Como dice el antiguo proverbio: "De la gente malvada, provienen las malas acciones". Así que puede estar seguro de que nunca le haré daño» (1 Samuel 24.12–13, NTV).

En 2 Samuel 3 David trató con compasión y misericordia a Abner, el general de las fuerzas de Saúl y en 2 Samuel 4 a Is-boset, el hijo de Saúl, con quien en ese tiempo se disputaba el reino después de la muerte de su padre. Estas actitudes de David para con sus enemigos nos muestran la esencia del carácter de David. No es de sorprenderse que Dios le haya demostrado su gracia y su misericordia tantas veces en la vida.

Me encanta leer con detenimiento este pasaje de Lucas 6.27–36 (NTV):

A los que están dispuestos a escuchar, les digo:

¡amen a sus enemigos!

Hagan bien a quienes los odian.

Bendigan a quienes los maldicen.

Oren por aquellos que los lastiman.

Si alguien te da una bofetada en una mejilla,

ofrécele también la otra mejilla.

Si alguien te exige el abrigo, ofrécele también la camisa.

Dale a cualquiera que te pida;

y cuando te quiten las cosas, no trates de recuperarlas.

Traten a los demás como les gustaría que ellos los trataran a
ustedes.

Si solo aman a quienes los aman a ustedes,

¿qué mérito tienen?

¡Hasta los pecadores aman a quienes los aman a ellos!

Y si solo hacen bien a los que son buenos con ustedes,

¿qué mérito tienen?

¡Hasta los pecadores hacen eso!

Y si prestan dinero solamente a quienes pueden
devolverlo,

¿qué mérito tienen?

Hasta los pecadores prestan a otros pecadores a cambio de
un reembolso completo.

¡Amen a sus enemigos!

Háganles bien.

Presten sin esperar nada a cambio.

Entonces su recompensa del cielo será grande,

y se estarán comportando verdaderamente como hijos del
Altísimo,

pues él es bondadoso con los que son desagradecidos y
perversos.

Deben ser compasivos, así como su Padre es compasivo.

Se cuenta la historia de una madre que se presentó ante el gran Napoleón Bonaparte buscando perdón para su hijo. El emperador le dijo que el joven había cometido el mismo delito dos veces y que la justicia exigía la pena de muerte. Se habría producido entonces el siguiente diálogo:

**MADRE**: No pido *justicia*. Os ruego *misericordia*.

**NAPOLEÓN**: Sí, pero su hijo no merece misericordia.

**MADRE**: Mi señor. No sería misericordia si se la *mereciera*, y es misericordia lo único que yo pido.

**NAPOLEÓN** (después de pensar por unos segundos): Muy bien... entonces tendré misericordia de él.

Y le perdonó la vida.

Un buen líder aprende a identificarse con y a tener misericordia de la gente que le rodea. Debemos ser misericordiosos con nuestros trabajadores y pagarles un salario digno que cubra sus necesidades personales y familiares. Debemos ser misericordiosos con nuestros clientes y esperar pacientemente el pago de alguno que esté pasando por un momento de dificultad. Debemos ser misericordiosos con aquellos que cometieron errores en la vida, con los que buscan hacernos mal o, inclusive, con nuestros más acérrimos competidores. Roboam no tuvo misericordia y eso le costó extremadamente caro.

### d. Roboam necesitaba un carácter más teocéntrico (2 Crónicas 12.14)

Como decíamos anteriormente, «la forma como manejamos nuestro dinero es una expresión externa de un compromiso espiritual interno». Con el tiempo, la verdadera naturaleza del carácter de Roboam salió a la luz y lo que pareció ser una decisión aislada y errónea al comienzo de su reinado simplemente fue una evidencia de la pobre relación que tenía con Dios.

«Para muestra, un botón». Y finalmente queda al descubierto la realidad detrás de las decisiones de Roboam. 2 Crónicas 12.14 dice que Roboam «fue un rey malvado, porque no buscó al SEÑOR con todo el corazón» (NTV).

Muchas veces las desacertadas decisiones económicas que tomamos en el liderazgo serán una muestra temprana de nuestra falta de criterio bíblico y de nuestra pobre relación con Dios. Esa falta de orden, de paciencia, de perseverancia, de dominio propio, de fe, de confianza en su poder y provisión eventualmente nos costarán dinero, tiempo, esfuerzo y, a veces, hasta el mismo ministerio.

## 2. LAS LIMITACIONES EN LA CONDUCTA DE ROBOAM

Dice 1 Reyes 12.8: «Sin embargo, Roboam rechazó el consejo de los ancianos y pidió, en cambio, la opinión de los jóvenes que se habían criado con él y que ahora eran sus consejeros» (NTV).

Roboam es un adolescente de cuarenta y un años de edad: trata mal a sus mayores, profesionales y expertos. Admira y obedece a sus amigos, se mete en problemas, causa la muerte de uno de sus líderes, escapa por poco de ser asesinado... ¡y todavía cree que tiene razón!

«La madurez no viene con los años, sino que viene con la disposición de adquirir responsabilidades personales», le escuché decir hace poco tiempo atrás a mi buen amigo Sixto Porras, de Enfoque a la Familia. Y yo añado que cuanto más responsables somos, más madurez demostramos. Roboam era un líder inmaduro. Las responsabilidades del reino le quedaban demasiado grandes.

En vez de seguir los pasos de su padre y hacerse de un equipo de líderes expertos como la lista que vemos en 1 Reyes 4.1–19, Roboam continúa demostrando ser hedonista y egocéntrico al colocar como líderes del pueblo a sus propios hijos. Ese tipo de actitud le costaría estar en guerra constante con Jeroboam y, eventualmente, perder a manos del rey de Egipto todos los tesoros acumulados durante el reinado de Salomón, su padre.

## El *familismo* y la estructura organizacional

En su libro *Confianza*,[8] Francis Fukuyama explica que sociedades como la china, partes de la sociedad francesa y la italiana (a lo que yo agregaría partes de la sociedad latinoamericana), practican el *familismo*, fenómeno que se caracteriza por poner los vínculos familiares por sobre cualquier otro vínculo en la sociedad. Los *familistas* tienen serias dificultades para confiar en personas que no son parte de su familia inmediata.

Las sociedades *familistas* son sociedades donde el concepto de «familia» termina con la sangre. Es por eso que en Latinoamérica con tanta frecuencia los líderes empresariales y políticos se comportan como si sus familias fueran lo más importante del mundo y el resto «que reviente». La razón por la que tenemos a tantos familiares nuestros involucrados en el ministerio, en los negocios y en el gobierno es porque «suponemos» que en ellos sí se puede confiar.

Pero el *familismo* nos lleva al *nepotismo*, tendencia que se caracteriza por tomar a personas de nuestra familia para que ocupen cargos claves dentro de la organización. Esas posiciones, como en el caso de Roboam, muchas veces son ocupadas por amigos o miembros de la familia, sean o no aptos para hacer el trabajo bajo su responsabilidad.

Salomón evitó el nepotismo. Estructuró su equipo de liderazgo de una manera muy diferente. Eligió *tecnócratas*, expertos, las mejores personas que pudo encontrar para los cargos que tenía disponibles, fueran o no parte de su familia.

Las sociedades más avanzadas económicamente son las que han dejado atrás el *familismo* y han extendido el concepto de «familia» al resto de los miembros del negocio, la organización o a la ciudadanía de un país. Es mucho más fácil confiar en los demás cuando todos nos vemos como parte de la misma familia, cuando todos nos protegemos y somos leales los unos a los otros más allá de los lazos de sangre que nos unen. Esa actitud trae importantes beneficios económicos.

Nosotros, como líderes de organizaciones y negocios que no nos pertenecen (porque entendemos que les pertenecen al Señor), debemos ser muy cuidadosos en cómo pasamos la antorcha a la siguiente generación. Por supuesto que todos soñamos con un *junior* o una heredera que tome nuestro lugar en el liderazgo. Sin embargo, nuestra responsabilidad frente al Jefe es pasar la estafeta a la persona más calificada, sea o no la más cercana a nosotros.

## El *familismo* y la eficiencia en los negocios

Hace no mucho tiempo llegué a un aeropuerto latinoamericano con mis maletas y me dirigí al mostrador de la aerolínea en busca de mi pase para abordar. La señorita que me atendía me indicó que debía pagar veinticinco dólares por exceso de equipaje. Le dije que no había problema y puse mi tarjeta de débito sobre el mostrador. Ella me miró y con pena me dijo: «No, señor Panasiuk. Yo no le puedo cobrar aquí. Va a tener que ir allá a la vuelta de la esquina, hacer la fila y pagarle a mi compañero a cargo de la oficina de cobro. Con el recibo que él le dé, regrese y entonces con mucho gusto le extenderé su pase para abordar».

Tomé, entonces, mi tarjeta, caminé hasta la oficina de cobro, hice la fila y cuando llegó mi turno para pagar, me di cuenta de que el encargado de esa oficina era el mismo joven que había permanecido junto a la empleada mientras esta me atendía.

La pregunta es: ¿por qué la misma joven que me estaba atendiendo en el mostrador algunos minutos antes no me podía también cobrar el exceso de equipaje? Quizás sea porque en ese país si bien la aerolínea confía en que su empleada puede extenderme el pase para abordar, teme que se pueda robar el dinero del exceso de equipaje o la información de mi tarjeta.

Esa falta de confianza en nuestros países, fomentada por la convicción de que la familia termina con la sangre, es un impuesto adicional a nuestra actividad económica que las empresas que funcionan en el marco de un alto nivel de confianza no deben pagar. Ya empezamos a competir con desventaja.

Es por eso que en nuestros lugares de trabajo debemos crear una dinámica familiar. Nuestros trabajadores y colaboradores deberían verse el uno al otro como miembros de la misma familia. Aún más, eventualmente, deberían ver a los clientes, proveedores y otras personas con las cuales interactúa el ministerio, la iglesia o el negocio, también como parte de su familia. Para eso, nosotros deberíamos ser los primeros en tratar a nuestros trabajadores como familiares, comenzando con sus salarios y beneficios.

## 3. LAS LIMITACIONES EN EL CRITERIO DE ROBOAM

A pesar de haber crecido como hijo de uno de los hombres más sabios del mundo, Roboam demostró no tener *criterio bíblico* para tomar decisiones económicas. El desarrollo de un criterio sólido es esencial para lograr nuestro éxito económico en el liderazgo.

Por ejemplo, aquí hay un problema para resolver: supongamos que llegamos a la iglesia un domingo por la mañana y nos encontramos con nuestra buena amiga Susana que ese día se levantó con el pie izquierdo. La saludamos y, a vuelta de correo, nos dice un par de cosas que son realmente hirientes. Está enojada, está irritada y nos confronta de una manera descomedida.

Después del servicio llegamos a casa y nos ponemos a pensar en la actitud de Susana. Estamos dolidos y nos sentimos ofendidos.

Ahora viene la pregunta del millón de dólares: ¿qué se supone que debemos hacer frente a esa ofensa? Piensa: ¿qué deberíamos hacer?

Si dijiste «hablar con ella», eso es exactamente lo que la Biblia ordena que uno debe hacer frente a la ofensa de un hermano o hermana en Cristo (Mateo 18.15). Ahora piensa: luego que te conté la historia y te hice la pregunta, ¿cuánto tiempo te llevó llegar a la respuesta correcta? Si la respuesta fue casi instantánea, es porque tienes *criterio bíblico* para la resolución de problemas interpersonales. Ni siquiera lo tuviste que pensar. Lo sabías intuitivamente.

La razón por la que nos cuesta tanto tomar decisiones económicas es porque no hemos desarrollado *criterio bíblico para la resolución de problemas económicos*. Si te hubiesen enseñado ese criterio, inmediatamente sabrías qué es lo correcto hacer y no dudarías de la respuesta.

Tener *criterio* es muy importante para poder tomar decisiones que estén en línea con la Palabra de Dios y nos posicionen en un lugar apropiado para recibir su gracia. Ya hablaremos más sobre el tema cuando tratemos la Ley de la navegación y veamos en el capítulo siguiente el ejemplo de Moisés, el líder que destruye su propio trabajo.

Roboam no recordó que Dios nunca vio con buenos ojos que su pueblo pagara impuestos. En 1 Samuel 8.15, cuando les advierte en contra de pedir un rey, les dice que si los gobierna un rey, tendrán que pagarle el diez por ciento de impuestos sobre todo lo que produjeran. En una teocracia —que era el sistema de gobierno que tenían hasta ese momento— la única obligación que tenían era dar sus diezmos y ofrendas al templo. Si bien los impuestos son importantes para que un gobierno pueda funcionar bien, a los ojos de Dios son más un «mal necesario» que una bendición.

Roboam tampoco recordó que en la abundancia de consejeros hay sabiduría. Tanto en Proverbios 11.14 como en Proverbios 15.22 encontramos un importante concepto: los consejeros nos ayudan a levantar nuestro «tope». Todos tenemos un tope. Pero la abundancia de consejeros (y de consejeros sabios) eleva ese tope si demostramos tener suficiente humildad personal para escucharlos y obedecerlos.

Finalmente, Roboam no recordó que «La blanda respuesta quita la ira; mas la palabra áspera hace subir el furor» (Proverbios 15.1, RVR1960), y que «El que guarda su boca y su lengua, su alma guarda de angustias» (Proverbios 21.23, RVR60). Roboam cometió un error muy común entre los líderes de carácter dominante: la lengua se les adelanta al cerebro y los mete en serios problemas con los demás.

## ESTA LEY EN LAS ESCRITURAS...

Nunca se apartará de tu boca este libro de la ley, sino que de día y de noche meditarás en él, para que guardes y hagas conforme a todo lo que en él está escrito; porque entonces harás prosperar tu camino, y todo te saldrá bien. (Josué 1.8, RVR60)

# ACTIVIDAD PRÁCTICA Y AUTOEVALUACIÓN

## EVALUACIÓN PERSONAL

1. ¿Cuán preparado/a estoy para tomar decisiones económicas en la empresa, iglesia o ministerio en donde soy líder?

_____

_____

_____

_____

_____

2. ¿Quién me podría ayudar a tomar decisiones económicas acertadas desde el punto de vista «técnico»?

_____

_____

_____

_____

_____

_____

3. ¿Quién me podría ayudar a tomar decisiones económicas acertadas desde el punto de vista bíblico?

_____

_____

_____

_____

_____

_____

_____

4.  ¿Qué cambios debería hacer para tomar decisiones financieras acertadas como líder?

_____

_____

_____

_____

_____

_____

_____

5.  ¿Qué cambios debería hacer en mi estilo de vida para evitar los problemas que tuvo Roboam?

_____

_____

_____

_____

_____

_____

## ESTUDIO DE CASO[9]

_Roberto, gerente de una compañía, estaba enfrentando un problema corporativo muy común. Un empleado con más de veinte años de servicio había sido promovido a una posición más allá de su capacidad personal de liderazgo. Pronto, su nueva responsabilidad le causó estrés y, consecuentemente, lo tornó defensivo e irascible. En un intento por ocultar sus propios fracasos, empezó a ridiculizar a sus subalternos acusándolos de incompetentes. La_ *moral en el departamento se empezó a desmoronar y la productividad a menguar. El empleado había tenido éxito en su trabajo y posición anterior. Roberto, por su parte, quería confrontar esta situación de tal manera que pudiese continuar teniendo un buen testimonio cristiano como gerente. También valoraba la lealtad y dedicación del empleado...*

## Análisis

1. Define el problema real y de raíz que tiene Roberto en sus manos:

   _____

   _____

   _____

   _____

   _____

   _____

2. Identifica las partes (personas, individuos, entidades) involucradas en el problema:

   _____

   _____

   _____

   _____

   _____

   _____

3. Describe las circunstancias especiales que presenta este estudio de caso y las consecuencias potenciales de cada posible decisión:

   _____

   _____

_____

_____

_____

_____

## Perspectiva bíblica

Reconociendo que cada gerente cristiano es un «sacerdote» en su lugar de trabajo y cada empresa es una plataforma para el ministerio, piensa:

1.  ¿Qué acción debería tomarse frente a esta situación?

    _____

    _____

    _____

    _____

    _____

    _____

2.  1 Corintios 10.31 nos dice que todo lo que hagamos debemos hacerlo para la gloria de Dios, incluso las decisiones que tomamos en nuestro lugar de trabajo. Entonces, ¿cómo podría honrarse a Dios en la medida en que tomamos decisiones?

    _____

    _____

    _____

    _____

    _____

    _____

## Aplicación práctica

A la luz de este estudio de caso:

1. ¿Qué podrías aplicar a tu propia organización, ministerio o lugar de trabajo?

_____

_____

_____

_____

_____

_____

2. ¿Hay algo en el área operativa que quizás tengas que cambiar en tu organización?

_____

_____

_____

_____

_____

_____

3. ¿Hay algo que deberías cambiar en ti?

_____

_____

_____

_____

_____

_____

_____

_____

_____

CAPÍTULO

# LA
# DE LA NAVEGACIÓN

CUALQUIERA PUEDE GOBERNAR UN BARCO, PERO
SOLO UN LÍDER PUEDE MARCAR EL CURSO.[1]

—JOHN MAXWELL

Moisés representa al líder que destruye su propio trabajo.

Lee conmigo este pasaje:

Las tribus de Rubén y Gad poseían una enorme cantidad de animales. Así que cuando vieron que las tierras de Jazer y Galaad eran ideales para sus rebaños y manadas, se acercaron a Moisés, al sacerdote Eleazar y a los otros jefes de la comunidad y les dijeron:

—Observen las ciudades de Atarot, Dibón, Jazer, Nimra, Hesbón, Eleale, Sibma, Nebo y Beón. El Señor conquistó todo este territorio para la comunidad de Israel y es ideal para todos nuestros animales. Si contamos con su favor, permítannos ocupar esta tierra como nuestra propiedad en lugar de darnos tierra al otro lado del río Jordán. (Números 32.1–5, NTV)

P or cuarenta años, el gran libertador de los israelitas guio al pueblo a través del desierto y hacia la famosa tierra prometida. Sin embargo, luego de tanto esfuerzo, lucha y sacrificio, una decisión incongruente con su brújula interna lo llevaría a tomar una decisión que traería gravísimas consecuencias al pueblo que él tanto quería ayudar.

A pesar de haber llevado a cabo exitosamente la tarea de liberar a más de dos millones de personas del dominio egipcio y luego dirigirlas a salvo a través del desierto del Sinaí, Moisés llega a la tierra que fluye leche y miel para fallar miserablemente frente a la toma de una decisión económica: las tierras del este del Jordán parecían mejores para el cuidado del ganado que las tierras del oeste.

Mirándolo retrospectivamente, eso nos parece inconcebible: que alguien puesto por Dios para liderar a su pueblo haya sido el responsable principal de que decenas de miles de personas a su cuidado no entraran en la promesa de Dios para sus vidas, ¡absolutamente increíble!

Esta historia nos ilustra el peligro principal de los líderes: las mismas características que nos hicieron llegar al éxito, son la píldora de cianuro que nos mata, el «talón de Aquiles» que nos destruye.

Los líderes estamos en el liderazgo porque tenemos una alta capacidad de resolución de problemas. Además, cuanto más alto llegamos, más *recursos* tenemos para implementar esas soluciones. Si perdemos de vista el verdadero norte bíblico, podemos llegar a colisionar en medio de nuestro estrellato. Y cuanto más alto habremos llegado, más estrepitosa será la caída.

El pasaje bíblico que estamos estudiando en este capítulo nos remarca tres peligros en el proceso de toma de decisiones económicas que tenemos que confrontar los líderes:

1. El peligro de la prosperidad.
2. El peligro de lo presente.
3. El peligro de lo posible.

## 1. El peligro de la prosperidad (versículo 1)

El problema que tenían las tribus de Rubén y de Gad estaba asociado con los recursos económicos que poseían («Las tribus de Rubén y Gad poseían una enorme cantidad de animales...»). Frente a ese problema, deciden usar su sentido común y su lógica en vez de simplemente obedecer la Palabra de Dios.

Dios les había dado claras instrucciones sobre dónde debían vivir dentro de los límites de la tierra prometida. En su promesa, les había asignado una heredad, pero ellos deciden rechazarla. Y eso no es lo peor: lo terrible de esta historia es que Moisés, el único líder que podía haber tenido claridad bíblica en ese momento, ¡está totalmente confuso!

## El pragmatismo y la ética situacional

Al proceso de pensamiento que siguieron Moisés y los líderes de las tribus en cuestión se le conoce con el nombre de «pragmatismo». Pragmatismo es una filosofía del mundo que definiría *la verdad* diciendo que esta es lo que *funciona*. Eso, creo yo, es lo que, eventualmente, nos lleva junto con el humanismo a la *ética situacional*, según la cual las cosas están bien o mal dependiendo de la situación en la que nos encontramos.

Pareciera que los latinoamericanos somos los «reyes» de la ética situacional. Creemos que las cosas están bien o mal dependiendo de cómo *funcionan* en un determinado contexto.

Asimismo, pareciera que esa manera de pensar en el liderazgo latinoamericano proviene, en parte, del sistema legal que teníamos durante la época del virreinato. El famoso historiador sudamericano Félix Luna (1925–2009), en su libro *Breve historia de los argentinos,*[2] explica que una de las diferencias importantes entre el sistema legal de las colonias británicas y las españolas era la forma en que se acataban las leyes del rey.

Cuando el rey de Inglaterra emitía una ley, todo el imperio la acataba sin titubear. Los anglosajones obedecían la ley al pie de la letra. Tenían un alto concepto de «La Ley».

En las colonias españolas no era así. Cuando el rey de España emitía una cédula real y esa ley llegaba al gobernador o al virrey, este tenía la posibilidad de «reconocerla», pero no aplicarla. Se reconocía que la ley venía del rey, pero por las circunstancias particulares del virreinato podía ser archivada y nunca implementada. La frase usada era algo así como «se acata, pero no se cumple».[3]

Eso, por un lado, le dio más flexibilidad al sistema legal latinoamericano. Pero por otro, nos ha llevado a vivir en el marco filosófico de una cultura en la que los líderes del continente tenemos la tendencia a reconocer las leyes, pero no aplicarlas. Cuando hablamos, por ejemplo, de implementar los principios eternos de las Escrituras en nuestra vida diaria, vivimos dentro de un *área gris* ¡más grande que la blanca y la negra juntas!

Miramos el principio bíblico, lo entendemos, reconocemos de donde viene, pero decimos dentro de nosotros «se acata, pero no se cumple».

Entonces, si para hacer negocios tenemos que pagar una «comisión» —léase «soborno»— a un empleado de gobierno, lo hacemos porque decimos: «Así es como *funcionan* las cosas en este país». No importa que la Palabra de Dios condene claramente el soborno.

Si tenemos que pagarles a nuestros empleados su salario mitad «por arriba» y mitad «por debajo» de la mesa para ahorrarnos impuestos, lo hacemos. Porque así es como *funcionan* los negocios en nuestros países. No importa que Santiago 5.4 nos diga: «Así que ¡escuchen! Oigan las protestas de los obreros del campo a quienes estafaron con el salario. Los reclamos de quienes les cosechan sus campos han llegado a los oídos del Señor de los Ejércitos Celestiales» (NTV). No pagar los aportes patronales representa robarles el futuro económico a nuestros empleados.

Sin embargo, pagar los impuestos representa para nosotros empezar a competir con veinte o treinta por ciento de desventaja y eso, decimos con nuestra propia lógica, va a hacernos ir a la quiebra. Puede que sí, puede que no. No obstante, y a pesar de que no creo que esté mal usar la lógica, lo que quisiera enfatizar es que no deberíamos colocar a la lógica por sobre los principios eternos de las Escrituras.

Uno no puede hacer la voluntad de Dios violando la Palabra de Dios.

## El verdadero peligro: Un asunto espiritual

Este, entonces, es el peligro de la prosperidad: que el dinero y las posesiones se nos metan de por medio en nuestro proceso de toma de decisiones económicas.

La cantidad de dinero, en realidad, no hace la diferencia. En Mateo 6.24 Jesús dice: «Nadie puede servir a dos amos. Pues odiará a uno y amará al otro; será leal a uno y despreciará al otro. No se puede servir a Dios y al dinero» (NTV). Esto significa que, en realidad, el dinero está siendo personificado y colocado como una entidad opuesta al Dios verdadero.

Quizás una mejor interpretación del pasaje podría ser: «No se puede servir al Dios verdadero y al dios del dinero»; así queda mucho más claro el tema de quiénes son los «dos amos» de los que Jesús está hablando.

No hay día en que, como líderes empresariales u organizacionales, no nos veamos enfrentados a decidir a quién vamos a servir, al

Dios verdadero o al dios del dinero. ¿Serviremos a Dios o serviremos a nuestros intereses económicos?

Luego de viajar más de un millón de kilómetros a lo largo y ancho del continente me temo que los intereses económicos (el dios del dinero) nos estén ganando la partida y eso es algo que no lo podemos permitir.

Mi esposa y yo hemos hecho un pacto ante Dios en el que nos comprometemos a invertir todos nuestros recursos y nuestra vida para destronar del corazón de los cristianos latinoamericanos al dios del dinero y entronar nuevamente a Jesucristo, el Dios verdadero, en el lugar que le corresponde.

Sin embargo, si quieres ver cómo es que el dios del dinero ganó la batalla de tu corazón, simplemente mira los programas de computadora «pirateados» que estás usando en tu organización o la cantidad de música cristiana «pirateada» que tienes en casa.

Un día tuvimos que decidir si gastábamos quince dólares en comprar una película que queríamos ver o la copiábamos para ahorrarnos ese dinero. Y acá, entre nos, tengo que confesar que nos decidimos por copiar la película robándoles las regalías legales a quien o a quienes les corresponden. Elegimos ensuciar nuestra santidad por unos pocos miserables dólares.

Pero eso no es lo peor. Lo peor, realmente, es que ya no molesta hacerlo. Se ha llegado a un punto en la relación con el dios del dinero que seguirle ya no molesta la conciencia.

Nunca vamos a experimentar el *poder de Dios* en el púlpito o en nuestro liderazgo a menos que vivamos en santidad. Puede que haya mucha gente, mucho éxito, mucho ruido, saltos y gritos, pero es muy probable que allí no haya poder. Tú y yo sabemos de lo que estoy hablando.

Si bien la salvación es incondicional, la *bendición* de Dios **es** condicional. Y está condicionada a la *obediencia*.

Puedes orar todo lo que quieras por una pareja y su matrimonio, puedes pasarlos al frente de la iglesia, pueden imponer las manos sobre ellos y se pueden caer todas las veces que quieran. Sin embargo, si la esposa en este matrimonio se pasa algunas noches durmiendo con un hombre que no es su esposo, ese matrimonio no va a ser bendecido por Dios. Puedes declarar lo que quieras. Puedes diezmar cuanto quieras. Ese matrimonio no va a experimentar la bendición y la gracia de Dios. La bendición está condicionada a la obediencia.

Mateo 6.33 dice: «Mas buscad primeramente el reino de Dios y su justicia, y todas estas cosas os serán añadidas» (RVR60). Busca el reino de Dios. Busca su santidad. Busca su justicia. Comenzando contigo y tu familia. El resto de las promesas de Dios para tu vida vendrán como resultado de poner primero lo primero. ¿Tienes la valentía para hacerlo? Hagámoslo juntos.

## El problema de la pobreza

Hay un proverbio muy interesante que dice: «¡No me des pobreza ni riqueza! Dame solo lo suficiente para satisfacer mis necesidades. Pues si me hago rico, podría negarte y decir: "¿Quién es el SEÑOR?". Y si soy demasiado pobre, podría robar y así ofender el santo nombre de Dios» (Proverbios 30.8–9, NTV).

Este proverbio escrito hace unos tres mil años atrás enfatiza una gran verdad: la tentación de los ricos es la autosuficiencia; la tentación de los pobres es el robo.

Los ricos deben luchar con la tentación de creer que todo lo que han logrado lo alcanzaron por sus propias fuerzas; que han llegado a tener lo que tienen porque son inteligentes, bien educados, conectados y laboriosos. Les cuesta reconocer en lo profundo del alma que todo lo que tienen lo recibieron por la gracia de Dios.

Por otro lado, en nuestro continente, el problema más común con el que me encuentro es con «la tentación de los pobres» (no porque la mayoría seamos pobres —que, en general, no lo somos[4]— sino porque nos *creemos* pobres). Cuando caemos en esta tentación pensamos que podemos mentir y robar porque Dios *sabe que somos pobres*. Decimos: «Él nos perdonará. Podemos violar las leyes de derechos de autor, evadir impuestos, pasar cosas de contrabando por la aduana de nuestro país y sobornar impunemente a nuestras autoridades. Todo, sin repercusiones».

Esa forma de pensar es una falacia, y es el tipo de pensamiento que no nos deja entrar en la promesa de Dios para nuestras vidas. Es el tipo de mentalidad que descarrila el plan de conquista que el Señor tiene preparado para nosotros y nos manda a pelear batallas complejas que tendrían que haber sido fáciles de ganar.

El autor de la Carta a los Hebreos nos dice:

Queridos amigos, si seguimos pecando a propósito después de haber recibido el conocimiento de la verdad, ya no queda ningún sacrificio que cubra esos pecados. Solo queda la terrible expectativa del juicio de Dios y el fuego violento que consumirá a sus enemigos. Pues todo el que rehusaba obedecer la ley de Moisés era ejecutado sin compasión por el testimonio de dos o tres testigos. Piensen, pues, cuánto mayor será el castigo para quienes han pisoteado al Hijo de Dios y han considerado la sangre del pacto —la cual nos hizo santos— como si fuera algo vulgar e inmundo, y han insultado y despreciado al Espíritu Santo que nos trae la misericordia de Dios. (Hebreos 10.26–29, NTV)

Resiste la tentación de los ricos y la de los pobres. Vive una vida humilde delante de Dios, dispuesta a obedecerle hasta las últimas consecuencias. Entrona a Jesucristo nuevamente en el área financiera de tu vida. No solo digas que crees en Él. Créele.

El apego a sus posesiones y el «sentido común» no dejó que Gad y Rubén entraran en la promesa de Dios para sus vidas. Es un tema para pensarlo profundamente.

Es evidente que Dios no nos está llamando solamente a entregarle a Él todas nuestras posesiones sino que nos está llamando a entregarnos a nosotros mismos, a reconocer su señorío y a hacerlo de todo corazón.

## 2. EL PELIGRO DE LO PRESENTE
### (VERSÍCULO 4)

Cuando Gad y Rubén en representación de sus respectivas tribus fueron a hablar con Moisés, todos los verbos que usaron estaban en el tiempo presente. Le dijeron: «*es* tierra de ganado» y «tus siervos *tienen* ganado».

Nosotros también, como líderes ministeriales y empresariales del continente, muchas veces vivimos en el *hoy*. Y eso nos mata. Quizás se deba a que crecimos con tanta inestabilidad en nuestros gobiernos, o porque la cultura imperante enfatiza el hoy y no la vida eterna; pero sea cual fuere la causa, la realidad es que muchos de nosotros tomamos decisiones mirando primordialmente lo que nos conviene en el presente y no los parámetros de la Palabra de Dios.

Se cuenta la experiencia de un gran ministerio en Estados Unidos que sintió una fuerte carga por enseñar la Palabra de Dios a la gente más pobre del mundo. Entendieron que el deseo de Dios era que prepararan una serie de vídeos acompañados por una guía de estudio. Si los líderes eclesiásticos de los lugares más pobres del planeta se comprometían a darle buen uso al material, invertirían todo lo que fuera necesario para preparar los vídeos y regalárselos.

Así, elaboraron un presupuesto, crearon los materiales de publicidad y salieron a buscar dos millones de dólares entre sus donantes más importantes para subvencionar el proyecto. Los donantes dieron, los escritores escribieron, los productores produjeron, los actores actuaron. Todo marchó sobre ruedas hasta que intervino el departamento de mercadeo del ministerio.

Cuando vieron la calidad de los vídeos y de las guías de estudio, dijeron: «¿Y si, en vez de distribuir los vídeos entre los pobres, usamos el dinero donado para mercadear estos vídeos en Estados Unidos? De esa manera, en vez de regalarlos, podemos venderlos a un alto precio en los países desarrollados y, luego, podemos regalar más videos entre los más pobres del mundo».

Todo sonó magníficamente bien. Excepto que olvidaron un detalle: eso no era lo que Dios les había dicho que hicieran y tampoco fue lo que les dijeron a los donantes que ellos harían. Habían recibido dos millones de dólares en donaciones para regalar el material a los más pobres del mundo (y no para hacer dinero con él).

El plan era muy bueno y tenía mucho sentido común. Según sus cálculos, traerían millones de dólares de entradas «extra» a la organización y podrían cumplir, eventualmente, con lo que Dios les había mandado a hacer.

No es de sorprenderse, entonces, que, en vez de ganar dos millones de dólares con el proyecto de mercadeo en Estados Unidos, la organización ¡terminó perdiendo dos millones de dólares!

Es importante tomar decisiones económicas con una perspectiva de largo plazo. Lo importante no es cuánto vamos a ganar ahora, sino las bendiciones que recibiremos en el futuro por parte del Señor como resultado de nuestra obediencia.

En 1 Corintios 4.2 el apóstol Pablo dice: «Ahora bien, se requiere de los administradores, que cada uno sea hallado fiel» (RVR60). Dios requiere de nosotros fidelidad, no fama ni fortuna. Eso es vivir la vida y liderar nuestros negocios u organizaciones exitosamente.

¿Cómo podemos, entonces, sobreponernos al peligro de lo presente?

A continuación, menciono cinco aplicaciones prácticas a nivel organizacional y empresarial. Para evitar el peligro de lo presente, necesitas:

I. Un plan de negocios bueno, realista y sencillo de implementar.
II. Un presupuesto bien diseñado.
III. Inversiones a mediano plazo y ahorros regulares para los tiempos difíciles.
IV. Una cultura de moderación con respecto a gastos.
V. Una vida empresarial en libertad, evitando las deudas.

Veamos estas aplicaciones prácticas una por una:

## I. Necesitas un plan de negocios bueno, realista y sencillo de implementar

En Proverbios 21.5 la Palabra de Dios nos dice: «Los planes bien pensados y el arduo trabajo llevan a la prosperidad, pero los atajos tomados a la carrera conducen a la pobreza» (NTV).

La Traducción al Lenguaje Actual dice:

Cuando las cosas se piensan bien,
el resultado es provechoso.
Cuando se hacen a la carrera,
el resultado es desastroso.

Necesitas planear consistentemente si quieres que tu vida tienda a la prosperidad y a la abundancia. Leyendo a través de los años a Peter Drucker —un cristiano comprometido considerado el padre del *management* moderno— aprendí que para cada proyecto, producto, programa o ministerio nuevo, uno debería pensar en forma detallada cinco cosas:

A. ¿Cuál es la misión?
B. ¿Quién será mi audiencia, mi cliente, la persona a la que quiero servir o proveerle un producto?

C. ¿Qué es lo que mi cliente —el receptor de mi ministerio— considera valioso?

D. ¿Cuáles son nuestros resultados actuales?

E. ¿Cuál es nuestro plan?[5]

### La misión

Cuando hablamos de «misión», no debemos confundir el término con visión. Visión es lo que *vemos*. Misión es lo que *hacemos*.

Visión es lo que vemos que ocurrirá en el mundo si llegamos a ser exitosos en nuestro ministerio o negocio. Por lo general, el líder tiene una visión —como quien dice, una fotografía mental— del futuro que espera alcanzar si se esfuerza y hace las cosas bien. A partir de esa visión surge la misión/pasión y su compromiso irrestricto para llevarla a cabo.

Una de las tareas más difíciles del líder es transmitir visión y pasión. Cuanto más crece su organización, más tiempo pasa el líder describiendo la visión, más tiempo pasa «vendiéndola» a los demás, y mejor debe explicarla. La visión es poderosa. La visión llevará al líder a crear un negocio, una organización o una iglesia y animará a otros a unírsele.

Uno nunca debe menospreciar el poder de la visión.

Sin embargo, una organización no solo necesita entender claramente la visión de su líder, sino que —por sobre todo— necesita plasmar en una *misión* esa «fotografía del futuro». La empresa o el ministerio necesitan entender lo que se requiere *hacer* para llegar a convertir en realidad ese futuro deseado.

Es por eso que una declaración de misión clara es esencial para que la gente de un determinado equipo sepa qué está haciendo y con qué fin.

Si bien la declaración de visión muchas veces comienza con la palabra «ver», la declaración de misión debe comenzar con un verbo. La misión de Facebook es «dar a la gente el poder de compartir y hacer al mundo más abierto y conectado». La misión original de Apple era «cambiar al mundo a través de la tecnología».

1. ¿Cuál es tu misión? Escribe en las siguientes líneas la declaración de misión de tu organización o empresa:

_____

_____

_____

_____

_____

_____

### *El cliente*

El siguiente paso para tener un buen plan ministerial o de negocios es definir claramente la persona o grupo de personas a los que vas a servir. «El que mucho abarca, poco aprieta», dice un refrán popular, y tiene mucha razón. Lamentablemente, en la medida en la que asesoro a más y más empresarios y líderes ministeriales del continente, más caigo en la cuenta de que tenemos una tendencia a querer alcanzar a todo el mundo al mismo tiempo.

Eso nos hace perder enfoque y diluye nuestro esfuerzo. Sé específico. Para cada programa de la iglesia, para cada ministerio, para cada línea de productos, tienes que definir con exactitud a quiénes te propones servir.

Por ejemplo, si tuvieses una agencia llamada «Matrimonios para siempre», puede que quizás tengas como misión enseñar principios de la Palabra de Dios a matrimonios que vivan en el área de influencia demográfica de una determinada ciudad, que tengan entre cero y quince años de casados y no se hayan divorciado nunca».

No es que no quieras ministrar a los que se han divorciado (probablemente ya tengas un programa especial para ellos), o que no quieras servir a los que están casados por más de quince años, sino que quieres enfocar claramente a tu grupo de trabajo hacia un mercado puntual para que no se dispersen energías y recursos. Alguna vez escuché a alguien decir: «La razón número uno por la que la gente falla, es por falta de enfoque» y cuanto más viajo, más de acuerdo estoy con esta idea.

El otro problema con la identificación de «clientes» es que muchas veces nuestro equipo —y aun nosotros mismos— no nos damos cuenta de que tenemos un grupo de gente a la que debemos servir *adentro* de nuestra organización, clientes *internos*. Los donantes son un ejemplo de clientes internos. Nuestro jefe (o el jefe de nuestro jefe) es otro ejemplo. La junta directiva. Los oficiales de la iglesia (ancianos, diáconos), los voluntarios. Todos ellos son gente a la que también debemos servir y ministrar. Ellos tienen necesidades que deben ser satisfechas y sin ellos no existiríamos como negocio u organización.

Piensa: ¿quiénes son tus clientes (la gente a la que sirves) internos y externos? Trata de hacer una lista y recuerda que el gobierno también es un cliente de tu organización o negocio:

| Clientes internos | Clientes externos |
|---|---|
|  |  |
|  |  |
|  |  |
|  |  |

### Lo valioso

La única manera de retener clientes —y gente— es proveyendo un ministerio, un servicio o un producto que ellos consideren valioso. Pregúntate: ¿qué es lo que estoy ofreciendo a mis clientes que ellos consideran valioso?

Se sabe que hace muchos años que Starbucks no vende café. Vende una experiencia. Es un «proveedor de soluciones». Cuando alguien sale de Starbucks se siente mucho mejor que cuando entró. La gente convierte a esta cafetería en un «tercer lugar» de residencia: la casa, el empleo y Starbucks.

Esa es la razón por la que pagamos los precios que pagamos. Las de Starbucks son una de las tazas de café más caras del país. No pagamos por una bebida. Pagamos por una experiencia.

¿Qué es lo que valora la gente a la que sirves? Descubrirlo no es tan fácil ni tan obvio como parece. Sin embargo, aquellos que descubren lo que la gente valora son los que generalmente tienen éxito con los ministerios, productos o servicios que ofrecen.

Por supuesto, las personas a veces no valoran lo que realmente necesitan. Por eso está en ti educarlas para que entiendan que, por ejemplo, un tratamiento de limpieza de dientes cada seis meses mantiene una bella sonrisa en el rostro (y evita la terrible experiencia de tener que obturar una carie o hacer una endodoncia). Al final, tú sabes que los clientes de un dentista no van al consultorio por salud sino por estética. Eso es lo que *ellos* valoran. Promueve lo que ellos valoran y dales lo que ellos necesitan.

Los donantes valoran que la misión se cumpla. El jefe valora que las metas se superen. La junta directiva valora que las políticas establecidas por el grupo se sigan al pie de la letra.

Piensa: ¿estás dándoles a los clientes (internos y externos) lo que ellos realmente valoran? ¿Qué crees que valoran tus clientes?

| ¿QUÉ VALORA LA GENTE A LA QUE SERVIMOS? | |
| --- | --- |
| **Clientes internos** | **Clientes externos** |
| | |
| | |
| | |
| | |
| | |

## Los resultados y los frutos

Tu mejor amiga es la verdad. Puede que sea linda, puede que sea fea. Pero ella es tu mejor amiga. ¡Abrázala!

La verdad no tiene miedo de que la encuentren. Búscala. No dejes que te amedrente.

A través de los años me he dado cuenta de que muchos ministerios y empresas miden incorrectamente la efectividad de su trabajo. Personalmente, hago una diferencia entre *resultados* y *frutos*.

Para mí «resultados» son la consecuencia natural de las actividades realizadas. Por ejemplo: cuando tenemos un programa de jóvenes en la iglesia, la cantidad de reuniones que tenemos, la cantidad de asistentes a esas reuniones, los gastos realizados, la cantidad de canciones cantadas o vídeos mostrados son simplemente el *resultado* de la actividad. Estoy vivo, estoy activo, tengo resultados de estar activo.

Los «frutos» son algo diferente. Los frutos representan el cumplimiento de la razón de ser de un determinado programa. Es el cambio esperado en la vida de la gente. Es la cosecha final de todo el esfuerzo realizado. En un programa de jóvenes, la cantidad de jóvenes que conocen a Jesús, el crecimiento en su vida espiritual, la profundización de su devoción al Señor, son los frutos del programa, su razón de ser.

No hacemos una reunión de jóvenes para que haya mucha asistencia. La hacemos porque queremos ver un cambio en la vida de nuestros muchachos. Por supuesto que queremos tener la mayor cantidad de jóvenes presentes en nuestras actividades. Pero esa no es la meta final. La meta final, el fruto, es irlos moldeando de acuerdo con el carácter de Cristo.

Si no medimos los frutos, puede que estemos muy ocupados pero no estaremos siendo efectivos. Estaremos perdiendo nuestro tiempo y haciéndoselo perder a nuestro equipo de voluntarios.

Los resultados miden la actividad; nos dicen que estamos vivos. Los frutos miden la efectividad; nos dicen que estamos sembrando y cosechando apropiadamente.

Los frutos están directamente relacionados con nuestra declaración de misión. Lee la declaración de misión que escribiste antes y pregúntate: ¿estoy midiendo las cosas apropiadamente?

Piensa: ¿qué frutos deberías perseguir en cada programa de tu organización? ¿Cuáles son las cosas que necesitas realmente medir en tu negocio?

Ejemplo:

| NOMBRE DEL PROGRAMA (O UNIDAD DE NEGOCIO): MATRIMONIOS PARA SIEMPRE |
|---|

Fruto esperado:

- Mayor sensación de unidad matrimonial

- Incremento en el liderazgo de servicio por parte del varón

- Incremento en el respeto hacia su esposo por parte de la mujer

• Profundización en el nivel de comunicación de la pareja

• Mayor éxito en la resolución de conflictos de manera bíblica

Ahora hazlo tú:

## NOMBRE DEL PROGRAMA (O UNIDAD DE NEGOCIO)

Fruto esperado:

*El plan*

En el libro *La mujer que prospera*[6] la empresaria Nilda Pérez y yo escribimos una serie de recomendaciones que creo te van a dar una idea más clara sobre cómo encarar el tema de un plan de negocios tanto para una empresa, como para un ministerio o una iglesia. En ese libro, decimos que cuando uno va a comenzar algo y va a desarrollar un plan, necesita escribir una buena descripción que explique las siguientes cuatro cosas:

a. **Una descripción que incluya lo siguiente**:

   1. **Las características del negocio**: Aquí puedes describir los servicios que va a ofrecer; donde estará ubicado;

cuál será la visión, la misión, los objetivos y el propósito. Luego de investigar las necesidades de tu negocio, es necesario que te preocupes del nombre, la ubicación, las licencias, los permisos y otros requerimientos.

2. **La estructura de operación**: Contesta las siguientes preguntas: ¿cómo va a operar el negocio? ¿Qué necesitas en términos de personal y equipos? Muchas veces queremos comenzar un proyecto, pero no tenemos la menor idea de lo que necesitamos para operar. Te recomiendo que investigues y te entrevistes con quienes ya han tenido negocios similares. Ellos te podrán ayudar a entender muchas cosas relacionadas con la operación del negocio.

3. **Los productos y los servicios que vas a ofrecer**: Describe en forma detallada los servicios y productos que ofrecerás, resaltando los beneficios que tendrán los clientes al adquirir este servicio y cómo este producto o servicio suplirá sus necesidades.

4. **La lista de precios**: Para ponerle precio a tus servicios o productos es importante que investigues cómo se paga un producto similar en el mercado. Recuerda que el precio no lo pondrás tú, lo pondrá el cliente. El precio siempre termina estableciéndose con base en la ley de la oferta y la demanda.

b. **Un estudio de mercado**

Este estudio puede darte una idea sobre las posibilidades de éxito de tu negocio y ayudarte a desarrollar las estrategias para promocionar y vender tu producto. Además, te brinda información sobre hábitos de consumo y a quién va dirigido el producto y/o servicio. Aunque puede ser una materia compleja en la cual trabajan profesionales

expertos, tú puedes efectuar un estudio sencillo realizando
una encuesta con preguntas claves que te ayuden a definir
claramente las características principales de ese mercado
al que quieres llegar. Es imperativo definir su potencial,
sus características y formas de compra, sus niveles de
consumo y preferencias para arrancar de manera exitosa.
Si quieres vender café a oficinistas, te va a ir mejor en el
centro de la ciudad, donde hay muchas oficinas, que en
los barrios; y, probablemente, vendas más por las mañanas
que al mediodía. Tendrás que averiguar si a los oficinistas
les gusta el café normal o el descafeinado y si les gusta con
azúcar ya disuelta en el café o prefieren ponerse el azúcar (o
edulcorante) ellos mismos.

c. **Las estrategias de ventas**

Una vez que conozcas tu mercado a través del estudio de
mercadeo podrás trazar un plan de ventas. En los mercados
globales y competitivos en que vivimos ya no es simplemente
vender un producto o servicio a bajo costo, sino vender un
bien o servicio de calidad, diferente y accesible al cliente,
quien está dispuesto a pagar un costo razonable por obtener
ese producto. Hoy en día los clientes están mejor informados
y en mejor capacidad para tomar decisiones de compra.

Por tal razón el vendedor debe estar bien preparado
y demostrar credibilidad, seguridad y confianza en lo
que vende. Cuando hablamos de ventas lo importante es
establecer y mantener las relaciones a largo plazo con los
clientes. Se ha comprobado que los clientes compran a los
vendedores en quienes confían. El cliente tiene expectativas
muy altas y espera más conocimiento y preparación de los
vendedores. A continuación te presento algunas estrategias
de ventas muy prácticas:

1. Las personas no compran productos o servicios, compran soluciones a sus problemas. Describe las ventajas únicas de tus productos o servicios.

2. Resalta todos los éxitos alcanzados por el producto, y apoya dichas afirmaciones con estadísticas y testimonios de los clientes satisfechos.

3. Convence a tus clientes de que tu producto o servicio les permitirá mejorar su situación.

4. Invita a tus clientes a decidirse con rapidez si quieren adquirir el producto.

### d. Las proyecciones financieras

Es importante que puedas realizar una proyección de ventas diarias, mensual y anual. Debes confeccionarla de la manera más real posible tomando en consideración las entradas por las ventas al consumidor final y los costos de operación.

## II. Necesitas un presupuesto bien diseñado

En Proverbios 27.23–24, la Biblia dice: «Mantente al tanto de tus ovejas, preocúpate por tus rebaños, pues ni riquezas ni coronas duran eternamente» (DHH). Estos versículos, a pesar de haber sido escritos hace tres mil años, aún hoy nos enseñan una gran verdad: si queremos que el dinero nos dure, debemos llevar la cuenta de nuestras entradas, nuestros gastos y nuestras inversiones.

Lo anterior significa que necesitamos tener un plan de control de gastos para la familia, el negocio, el ministerio y/o la organización. No tiene que ser algo complejo. Pero necesitas tener *algo*.

Siempre me impacta de manera especial sentarme con un empresario —a veces de negocios multimillonarios— y escuchar de sus labios la confesión de un pecado capital en el mundo empresarial: no saben si realmente están ganando dinero. Lo interesante de todo es que muchas veces, luego de estudiar profundamente el asunto, me doy cuenta de que están trabajando «por amor al arte» y, a veces, ¡hasta están *pagando* por el privilegio de trabajar!

Si el negocio o la iglesia no es demasiado grande, no necesitas un contador para hacer un presupuesto. Simplemente lleva la cuenta por un mes de todos y cada uno de los gastos que la organización realiza. Al final del mes, divide todos esos gastos en categorías, incluso el gasto de comprar la mercancía que vendiste. Eso te dará una idea de a dónde se fue el dinero en los últimos treinta días.

Si comparas esos gastos con las entradas tendrás una idea aproximada de tus ganancias o pérdidas. Si quieres encontrar modelos de presupuestos que puedas usar, hay muchos lugares en la Internet donde puedes encontrar archivos fáciles de usar y gratuitos. Simplemente escribe en tu buscador «presupuesto para pymes» y obtendrás una buena lista de ejemplos y modelos para armar un buen plan de control de gastos para tu organización.

Si tienes un movimiento más complejo o mantienes un inventario de productos, pregunta a un contador cuál es la mejor manera de llevar el control de las finanzas en tu organización.

## III. Necesitas inversiones a mediano plazo y ahorros regulares para los tiempos difíciles

En el libro de los Proverbios el sabio Salomón nos dice: «Anda a ver a la hormiga, perezoso; fíjate en lo que hace, y aprende la lección: aunque no tiene quien la mande ni quien le diga lo que ha de hacer, asegura su comida en el verano, la almacena durante la cosecha» (Proverbios 6.6–8, DHH). Este concepto de guardar durante el verano para cuando llegue el invierno es un principio que se repite vez tras vez en la Palabra de Dios.

Cuando hace algunos años comenzamos a viajar por la India y partes de África nos encontramos con líderes religiosos que vehementemente se oponían a ahorrar. Decían que si uno ahorraba dejaba de confiar en la provisión del Señor. A través de los años, he llegado a la conclusión de que esa posición tiene algo de verdad: cuando acumulamos recursos siempre existe el peligro de confiar más en esos recursos que en el Señor.

Sin embargo, porque alguna gente usa cuchillos para matar a otros no vamos a prohibir el uso de los cuchillos. El principio del ahorro y de la inversión es un principio «P»; es decir, un principio universal en la Palabra de Dios. Debemos obedecerlo, a pesar de que alguna gente ama más las riquezas que al Señor.

La Biblia no prescribe una cantidad específica sobre cuánto debemos ahorrar para el futuro. Es cierto que José ahorró el veinte por ciento de la producción de Egipto para poder sobrevivir los siete años de hambre que vendrían en el futuro. Sin embargo, esa cantidad está asociada a la historia específica de la vida de José y no representa ni remotamente una prescripción para nuestras vidas.

Lo que les hemos recomendado a miles de empresarios alrededor del mundo con respecto al tema de ahorros e inversiones es que comiencen ahorrando todos los meses una cantidad preestablecida (puede ser el tres, el cinco o el siete por ciento de los ingresos netos), para un fondo de emergencias. La primera meta (el primer «pasito de bebé») sería hacer crecer ese fondo hasta que sea equivalente a entre un cuarenta y un cincuenta por ciento del presupuesto operativo mensual. Por ejemplo: si uno necesita $40.000 para operar la organización cada mes, la primera meta debería ser juntar en una cuenta de ahorros unos $10.000 para el fondo de emergencias.

Eventualmente, la recomendación es que la empresa, iglesia u organización tengan entre tres y seis meses operativos guardados en el banco para emergencias (de $120.000 a $240.000 si seguimos mirando nuestro ejemplo). Nuevamente, el número no es un mandato bíblico, sino una cantidad sugerida luego de hablar con miles de empresarios en más de cincuenta países y cinco continentes.

## IV. Necesitas una cultura de moderación con respecto a gastos

La Palabra de Dios nos dice en el libro de Proverbios: «Tesoro precioso y aceite [hay] en la casa del sabio, pero el hombre necio los devora» (Proverbios 21.20, Biblia de Jerusalén).

La sociedad de consumo —y la cultura latinoamericana— nos hacen objeto de altos niveles de presión para que adoptemos un estilo de vida que vaya de acuerdo con nuestra posición social. Así, el mundo determina nuestra identidad mirando, por ejemplo, la casa donde vivimos, el auto que manejamos y la ropa que vestimos. Eso nos obliga a tratar de cumplir expectativas sociales y culturales que succionan cada peso de que disponemos.

Esos excesos nos traen problemas de insatisfacción personal, demandas irracionales sobre los demás, deudas personales y organizacionales y presión en nuestro matrimonio, entre otros.

Si queremos vivir en prosperidad integral y tener negocios y ministerios saludables, deberíamos aprender de las Escrituras a vivir con moderación. Hebreos 13.5 nos dice: «No amen el dinero; estén contentos con lo que tienen, pues Dios ha dicho: "Nunca te fallaré. Jamás te abandonaré"» (NTV). Como nos enseña Romanos 12.1–2, debemos rechazar los estándares de vida que el mundo intenta imponernos. Desde más de mil años antes de Cristo, el libro de Proverbios nos dice: «No es bueno comer mucha miel, ni buscar honores para uno mismo» (Proverbios 25.27, NTV). Y Proverbios 25.16: «¿Te gusta la miel? ¡No comas demasiada, porque te darán ganas de vomitar!» (NTV).

Conozco gente, entre los más ricos y exitosos, que viven con moderación. Podrían tener una casa más grande, un auto más lujoso o los aparatos electrónicos más sofisticados. Sin embargo, han decidido vivir de manera más sencilla de lo que podrían si quisieran porque han entendido el valor bíblico de la moderación.

Vivir con moderación nos permite evitar excesos y la insatisfacción personal que esos excesos acarrean. Vivir con moderación nos permite experimentar la tranquilidad y seguridad que vienen al gastar siempre menos de lo que ganamos. Vivir con moderación nos permite ser un ejemplo que nuestros empleados imitarán. El apóstol Pablo le dice a su discípulo Tito: «Y sé tú mismo un ejemplo para ellos al hacer todo tipo de buenas acciones. Que todo lo que hagas refleje la integridad y la seriedad de tu enseñanza» (Tito 2.7, NTV).

Si queremos que aquellos a quienes lideramos sean ahorrativos, previsores, cuidadosos con los recursos de la empresa y vivan sin presiones económicas, nosotros tenemos que darles el ejemplo. Si queremos que sus viajes en avión se hagan en clase turista, nosotros deberíamos prescindir de hacerlo en clase ejecutiva. Si queremos que no usen los recursos de la empresa para beneficio propio, nosotros tampoco deberíamos hacerlo.

Vivir con moderación nos permite tener un excedente en nuestros ingresos que podamos invertir en otras cosas más importantes que nosotros mismos.

## V. Una vida empresarial en libertad, evitando las deudas

A pesar de que la Biblia no nos coarta la libertad de contraer deudas, tampoco aconseja hacerlo. Cada vez que la Biblia habla de deudas, siempre se presentan en un contexto negativo y con varias advertencias sobre los posibles resultados. La Biblia nos anima a vivir sin deudas, tanto en nuestras familias como en nuestras empresas.

Por ejemplo, el apóstol Pablo es bien claro en Romanos 13.8 cuando dice: «No deban nada a nadie» (NTV), «No tengan deudas pendientes con nadie» (NVI) y «No le deban nada a nadie» (TLA). Sea cual sea la versión de la Biblia que elijamos, el mensaje de Dios es el mismo: debemos amar la libertad y vivir en ella inclusive cuando hablamos de libertad financiera.

Cuando asumimos deudas, hacemos de los bancos y las financieras no solo nuestros socios sino aún más, nuestros esclavistas. El pago de intereses nos quita el aire y no deja que la empresa respire financieramente. Adquirir deudas es una decisión muy común entre los empresarios de hoy. Según la organización Debt.org el cuarenta y nueve por ciento de los pequeños empresarios en Estados Unidos está en un profundo endeudamiento.[7] Si quieres darle la mejor oportunidad de supervivencia a tu negocio, deberás ser la excepción a la regla.

Según la Small Business Administration [Administración de pequeños negocios] de Estados Unidos, aproximadamente el cincuenta por ciento de las pequeñas empresas fracasan en los primeros cinco años de operación, en gran parte debido a la insuficiencia de capital, pobres acuerdos crediticios y demasiadas deudas.[8] Una información similar escuché hace algunos años con respecto al establecimiento de iglesias (una de cada dos se muere en Estados Unidos y una de cada tres en el resto del mundo por cuestiones económicas).

Además, cuando adquirimos deudas ponemos a nuestras familias, organizaciones y/o negocios bajo la esclavitud del mundo en vez de colocarlos como esclavos de Jesucristo. En el Antiguo Testamento, la deuda era considerada un tipo de esclavitud. En Proverbios 22.7 se nos dice por qué Dios no aconseja la deuda: «Así como el rico gobierna al pobre, el que pide prestado es sirviente del que presta» (NTV). Cuando estamos endeudados, estamos en una posición de esclavitud delante de quien nos prestó.

Cuanto más nos sumergimos en la deuda, más esclavos somos del prestamista. No tenemos la libertad de decidir en qué gastar nuestro ingreso, porque nuestro dinero ya está legalmente comprometido con alguien. Eso trae ansiedad, estrés y discusiones continuas tanto en el equipo de liderazgo en la empresa como en la familia.

El no tener deudas era una de las recompensas de la obediencia. En Deuteronomio (28.1–2, 12, RVR1960) Moisés dice:

Acontecerá que si oyeres atentamente la voz de Jehová tu Dios, para guardar y poner por obra todos sus mandamientos que yo te prescribo hoy, también Jehová tu Dios te exaltará sobre todas las naciones de la tierra. Y vendrán sobre ti todas estas bendiciones, y te alcanzarán, si oyeres la voz de Jehová tu Dios [...] Y prestarás a muchas naciones, y tú no pedirás prestado.

Y así como el no tener deudas era una bendición recibida por la obediencia, la acumulación de deudas era considerada una maldición. Continúa diciendo Moisés:

Pero acontecerá, si no oyeres la voz de Jehová tu Dios, para procurar cumplir todos sus mandamientos y sus estatutos que yo te intimo hoy, que vendrán sobre ti todas estas maldiciones, y te alcanzarán [...] El extranjero que estará en medio de ti se elevará sobre ti muy alto, y tú descenderás muy abajo. Él te prestará a ti, y tú no le prestarás a él. (Deuteronomio 28.15, 43–44, RVR1960)

Es triste observar cómo las universidades más renombradas del continente les enseñan a los estudiantes de administración de empresas que en el día de hoy uno no puede empezar una empresa sin buscar financiamientos; es decir, sin meterse en deudas. Esa es una falacia. ¡Por supuesto que uno puede comenzar un negocio sin deudas!

La mayoría de los negocios comienzan pequeños (necesitando menos de cinco mil dólares estadounidenses). Uno puede vender algo, ahorrar a través del tiempo o conseguirse un socio capitalista para comenzarlo. Comenzar negocios pequeños significa que uno puede mantener su trabajo corriente mientras hace crecer el negocio. También significa que, como el negocio es pequeño, las implicaciones económicas de los errores también serán pequeñas.

Cuando uno comienza, no debe comprar muchas cosas; mejor rentarlas. Debe usar el concepto de *outsourcing* (externalización) lo más posible. Por ejemplo, nuestra organización imprime y publica muchos libros, pero nosotros no hemos comprado maquinarias de imprenta. Hemos llegado a un acuerdo con excelentes amigos como Thomas Nelson, Vida y HarperCollins, que publican y distribuyen nuestros libros alrededor del mundo ahorrándonos grandes inversiones de dinero en equipos y personal. Tú puedes hacer lo mismo con muchas funciones de tu empresa.

Finalmente, cuando uno comienza, no debería comprar cosas nuevas. Uno debería conseguir muebles y equipamiento usados que son mucho más baratos. Ser paciente y reinvertir el dinero que uno se ahorra en intereses hará una gran diferencia a través del tiempo. Puede que no sea lo que quisiéramos hacer ahora mismo. Puede que la tentación sea «tomar un atajo» para el crecimiento financiero... pero al final, «el que ríe último, ríe mejor».

## 3. EL PELIGRO DE LO POSIBLE (VERSÍCULOS 16 AL 19)

Hasta ahora hemos estudiado dos de los tres peligros en el proceso de toma de decisiones económicas que tenemos que confrontar los líderes:

1. El peligro de la prosperidad
2. El peligro de lo presente

El último peligro que vemos en el que cayó Moisés y los líderes de Rubén y de Gad es el peligro de lo posible.

Cuando vemos los versículos como el 6, el 20, el 28, el 29, el 33 o el 40, nos damos cuenta de que ellos están confiando en sus propias fuerzas. Dicen cosas como «haremos», o «edificaremos». No están contado en absoluto con el poder de Dios. Están confiando en sus propias fuerzas y en lo que podrían hacer en forma personal.

Este es un serio peligro para los que tienen el poder de decisión como tú y como yo porque tenemos la capacidad de tomar decisiones rápidamente y, además, contamos con los medios como para implementar esas decisiones. Es interesante que en todo este capítulo Dios brilla por su ausencia.

Hace algunos años atrás, cuando ejercía la presidencia de la Hispanic National Religious Broadcasters en Estados Unidos, visité a un grupo de líderes cristianos con el fin de ayudarles a pensar sobre algunas cosas que necesitaban hacer para acceder a los medios de comunicación de su área.

Me contaron que estaban a punto de firmar un contrato por casi medio millón de dólares con una radioemisora para estar en el aire unas sesenta u ochenta horas por semana durante todo un año. Cuando les pregunté cuánto dinero tenían en efectivo para hacer el trato, me dijeron que no tenían nada pero que habían contactado a unos veinte pastores de la ciudad pidiéndoles prestado cuatro mil dólares a cada uno para poder afrontar el pago inicial que los dueños de la radioemisora requerían al momento de firmar el contrato.

Al escuchar esto, me quité la gorra de comunicador social, me puse la de cultura financiera y les pedí permiso para exponerles algunas ideas.

En primer lugar les dije: «No es muy sabio comenzar sin capital, porque en cualquier negocio los dos primeros años de operaciones no producen ganancias. Por tal razón es preferible tener una buena cantidad de dinero en el banco antes de comenzar las operaciones».

En segundo lugar les indiqué que estaban a punto de violar un principio muy importante: el Principio del compromiso garantizado. O sea, «la situación en la que uno cae cuando se toma un compromiso sin tener una forma segura y cierta de poder pagarlo».

Así que les sugerí que podían hacer dos cosas. Primera, quizás alguno de ellos pudiese colocar un bien inmueble como garantía de la transacción (algunas de sus casas o algún edificio de las iglesias que ellos pastoreaban). Si el contrato, por alguna razón, no se podía pagar, entonces la radio se podía quedar con la casa o el edificio de la iglesia, y el grupo quedaría libre de deuda. Por supuesto, nadie quiso poner ninguna de sus propiedades de garantía.

Como alternativa, les propuse abrir una cuenta en el banco, buscar donantes, levantar el medio millón de dólares necesarios para el funcionamiento de la radio por un año, y entonces firmar el contrato. Por supuesto, el grupo tampoco quería hacer eso.

Uno de los miembros del grupo, con mucho respeto, me dijo: «Es importante que usted entienda que esta es una *empresa de fe*». Yo me quedé mirándolos y me di cuenta de que la decisión que estos hombres estaban tomando no tenía nada que ver con la fe. Tenía que ver con un poco de testarudez, otro poco de falta de compromiso personal y, por sobre todo, con una profunda ignorancia de los principios eternos que deben guiar nuestra toma de decisiones económicas.

Dice la Palabra de Dios que «la fe es la certeza de lo que se espera, la convicción de lo que no se ve» (Hebreos 11.1, RVR1960). Lo que tenían estos líderes, obviamente, no era fe. Si hubieran tenido la *certeza* de que ese era el llamado de Dios para ellos, no hubieran tenido ningún problema en colocar sus propiedades como garantía de la transacción. Sin embargo, en esa habitación no había fe, había temor.

Además, si bien el grupo no estaba persuadido de que Dios proveería el dinero después de haberse firmado el contrato, tampoco tenía fe en que Dios podría proveerlo *antes*. Yo sabía —por mi experiencia— que en esa ciudad había gente que podía haber escrito un cheque por toda la cantidad necesaria —el medio millón de dólares— y no les hubiese impactado su economía personal. Pero este grupo de líderes estaban midiendo la capacidad económica de Dios con la de su propio bolsillo.

En el fondo, la fe del grupo no estaba en Dios, estaba en ellos mismos: en la capacidad que ellos tenían de poder vender tiempo al aire a pastores e iglesias del área para cubrir los gastos anuales de la emisora. Estaban calculando sus propias fuerzas y no estaban confiando en la poderosa mano de Dios.

Mateo 19.26 dice que «Jesús los miró y les contestó: Para los hombres esto es imposible, pero para Dios todo es posible» (DHH).

Aprendamos a obedecer la Palabra de Dios en toda circunstancia aunque llevar a cabo lo que queremos hacer parezca imposible de realizar o no sea conveniente.

## ESTA LEY EN LAS ESCRITURAS...

Confía en el SEÑOR con todo tu corazón; no dependas de tu propio entendimiento.

Busca su voluntad en todo lo que hagas, y él te mostrará cuál camino tomar. (Proverbios 3.5–6, NTV)

# ACTIVIDAD PRÁCTICA Y AUTOEVALUACIÓN

## EVALUACIÓN PERSONAL

1.  ¿Cómo creo que la abundancia o la escasez de dinero influyen en las decisiones de los líderes que tengo a mi alrededor?

    _____

    _____

    _____

    _____

    _____

    _____

2.  ¿Puedo dar algún ejemplo que recuerde en particular cómo el dinero influyó en nuestro proceso de decisión más que las Escrituras?

    _____

    _____

    _____

    _____

    _____

3.  ¿Cómo es que mi estado económico puede presionarme para tomar decisiones de acuerdo al «norte» del mundo en vez mirar al «Norte» de la Palabra de Dios?

    _____

    _____

    _____

4. ¿Por qué tenemos la tendencia a tomar decisiones económicas basadas en nuestra situación presente y en nuestro sentido común, en vez de estar basadas en principios eternos?

_____

_____

_____

_____

_____

_____

5. ¿Cómo definiría «éxito» en la vida?

_____

_____

_____

_____

_____

6. ¿Por qué, como líderes, tenemos la tendencia de buscar la seguridad, la abundancia y el reconocimiento en vez de arriesgarlo todo por la obediencia?

_____

_____

_____

_____

_____

_____

_____

7.   ¿Qué debo cambiar en mi vida para evitar el problema de Moisés?

_____

_____

_____

_____

_____

_____

## ESTUDIO DE CASO[9]

_Juan dirige una empresa de publicidad de éxito. Recientemente preparó un presupuesto para la impresión de 25.000 panfletos a cuatro colores._

_Detalló los costos uno por uno e incluyendo los cargos que cobraría su agencia alcanzó un monto total de $28.000. El presupuesto fue aceptado por el cliente._

_Durante el proceso de producción, sin embargo, se descubrió que varios precios se habían cotizado más altos que lo que resultó al ejecutar el trabajo. El diseñador gráfico, por ejemplo, terminó cobrando un cincuenta por ciento menos pues el trabajo resultó más sencillo de lo que se había pensado. Por otro lado, la compra de una prensa mucho más moderna resultó en un ahorro sustancial en los costos de impresión. Al final, el presupuesto real con ganancias y todo fue de $22.500. Puesto que el cliente desconocía estos detalles, el contador de la empresa aconsejó que se mantuviera el presupuesto original y se cobrara lo que el cliente había aprobado._

_¿Debería Juan quedarse con el exceso de dinero o debería modificar la factura y reflejar los costos reales del proyecto? ¿Qué harías tú en su caso?_

## Análisis

1.  Define el problema real y de raíz que tiene Juan en sus manos:

    _____
    _____
    _____
    _____
    _____
    _____
    _____
    _____

2.  Identifica a las partes (personas, individuos, entidades) involucradas en el problema:

    _____
    _____
    _____
    _____
    _____
    _____
    _____

3.  Identifica las circunstancias especiales que presenta este estudio de caso y las consecuencias potenciales de cada posible decisión:

    _____
    _____
    _____
    _____
    _____
    _____
    _____
    _____

## Perspectiva bíblica

Lee estos versículos de la Biblia:

No dejes de hacer el bien a todo el que lo merece, cuando esté a tu alcance ayudarlos.
    Si puedes ayudar a tu prójimo hoy, no le digas: «Vuelve mañana y entonces te ayudaré». (Proverbios 3.27–28, NTV)

Den, y recibirán. Lo que den a otros les será devuelto por completo: apretado, sacudido para que haya lugar para más, desbordante y derramado sobre el regazo. La cantidad que den determinará la cantidad que recibirán a cambio. (Lucas 6.38, NTV)

Algunos de ustedes dicen: «Yo soy libre de hacer lo que quiera». ¡Claro que sí! Pero no todo lo que uno quiere, conviene; ni todo fortalece la vida cristiana. Por eso, tenemos que pensar en el bien de los demás, y no sólo en nosotros mismos. (1 Corintios 10.23–24, TLA)

A la luz de estas enseñanzas:

1. ¿Qué acción debería tomarse frente a esta situación?

    _____

    _____

    _____

    _____

    _____

    _____

    _____

2. ¿Cómo podría honrarse a Dios en la medida en la que uno toma esa decisión?

_____

_____

_____

_____

_____

_____

## Aplicación práctica

1. ¿Qué podrías aplicar a tu propia organización, ministerio o lugar de trabajo?

_____

_____

_____

_____

_____

_____

2. ¿Hay algo en el área operativa que quizás tengas que cambiar en tu organización?

_____

_____

_____

_____

_____

_____

_____

3.  ¿Hay algo que debería cambiar en ti?

_____

_____

_____

_____

_____

_____

_____

En 2 Reyes 17.28–41 (siglo VII a.c.) se dice que la gente que vivía en la tierra de Israel conocía al Dios verdadero y lo adoraban pero también adoraban a los dioses de sus antepasados.

Eso nos pasa a nosotros también el día de hoy. Me duele el corazón ver a demasiados líderes cristianos (en el mundo de los negocios y en el mundo religioso) que conocen al Dios verdadero, lo respetan y lo adoran pero que también adoran a los dioses de sus antepasados: al dios del dinero, al dios del poder, al de la fama y al de la fortuna. Nos hemos convertido en sacerdotes del materialismo, el positivismo y el pragmatismo.

No quiero decir que la fama, la fortuna y el dinero sean malos. Al contrario. Pero adorarlos es idolatría y hacerlo no nos va a llevar exitosamente por el camino de la prosperidad integral.

3

CAPÍTULO

# LA LEY DEL PROCESO

EL LIDERAZGO SE DESARROLLA A DIARIO, NO LLEGA DE LA NOCHE A LA MAÑANA.[1]

—JOHN MAXWELL

Los hombres exitosos no surgen por casualidad. Los negocios y las organizaciones exitosas, tampoco.

Salomón fue el hombre más rico del mundo, y eso no fue simplemente el cumplimiento de un destino. Fue el resultado de la implementación de una estrategia política y económica que de manera paulatina consolidó su liderazgo, construyendo inteligentemente sobre las victorias de su padre, David.

Salomón supo tomar decisiones económicas que, día tras día, le llevaron a construir un imperio que impactó a todo el Medio Oriente y le trajo innumerables riquezas.

Se calcula que el sueldo de Salomón llegaba a los novecientos millones de dólares anuales,[2] ¡sin contar sus vacaciones, bonos de fin de año ni su plan de jubilación! Su fortuna (considerando la herencia recibida de su padre, que ya era un hombre muy rico), probablemente llegaba a los cien mil millones de dólares (en comparación: la fortuna de Bill Gates, cofundador de Microsoft, que llegó hasta los cuarenta mil millones).

Sin embargo, el imperio salomónico y su éxito económico no se construyeron de la noche a la mañana. Tomó tiempo. Tomó esfuerzo. En mi libro *Los siete secretos para el éxito* menciono que el primer secreto es que «no hay un secreto para alcanzar el éxito».[3] No existe una manera fácil de lograr algo tan difícil.

Existe, sí, mucho trabajo, mucho esfuerzo, mucho sacrificio, muchas horas haciendo tareas que nadie quiere hacer y sacrificando cosas que nadie quiere sacrificar.

También, para prosperar en nuestro trabajo como líderes, se requiere funcionar de una determinada manera, tener ciertas prácticas y ciertos valores fundamentales en el liderazgo organizacional.

Hay ciertas características que ayudaron a Salomón a ser uno de los hombres más ricos de toda la historia. A pesar de haber vivido hace unos tres mil años atrás, la forma en la que Salomón lideró y tomó decisiones te ayudará a ser excepcional en la toma de decisiones económicas en el siglo veintiuno.

Hay tres características que ayudaron a Salomón a ser exitoso en la toma de decisiones económicas:

1. Se rodeó de tecnócratas, expertos en cada área de gobierno (1 Reyes 4.1–19).
2. Supo delegar autoridad y responsabilidad fiscal en sus gobernadores.
3. Tenía algunas reglas económicas que lo llevaron al éxito a través del tiempo.

Veamos cada una de estas características de manera individual.

## 1. SALOMÓN ADMINISTRÓ A TRAVÉS DE UN EQUIPO DE EXPERTOS

Lee conmigo este pasaje, toma un lápiz y marca, por ejemplo, cuántas de estas personas eran parte de la familia de Salomón:

Salomón ya gobernaba todo Israel, y sus altos funcionarios eran los siguientes:

Azarías, hijo de Sadoc, era el sacerdote.

Elihoref y Ahías, hijos de Sisa, eran secretarios de la corte.

Josafat, hijo de Ahilud, era el historiador de la realeza.

Benaía, hijo de Joiada, era el comandante del ejército.

Sadoc y Abiatar eran sacerdotes.

Azarías, hijo de Natán, estaba a cargo de los gobernadores regionales.

Zabud, hijo de Natán, era sacerdote y consejero de confianza del rey.

Ahisar era el administrador de los bienes del palacio.

Adoniram, hijo de Abda, estaba a cargo del trabajo forzado.

Salomón también tenía doce gobernadores regionales sobre todo Israel, quienes eran responsables de proveer el alimento para los miembros de la casa del rey. A cada uno de ellos le tocaba suministrar los víveres para un mes del año [...]

Ben-decar, en Macaz, Saalbim, Bet-semes y Elón-bethanán [...]

Simei, hijo de Ela, en Benjamín.

Geber, hijo de Uri, en la tierra de Galaad, incluidos los territorios del rey Sehón, de los amorreos, y del rey Og, de Basán.

También había un gobernador para la tierra de Judá. (1 Reyes 4.1–7, 9, 18–19, NTV)

Cuando observamos la forma en la que Salomón seleccionó a su equipo de liderazgo, nos damos cuenta de que el hombre más sabio del mundo se rodeó de expertos, de tecnócratas, no necesariamente de familiares. Eligió a los mejores. No necesariamente a los miembros de su propia familia. Eso era tan abusivo tres milenios atrás como lo es el día de hoy.

Algunas páginas atrás, cuando estudiamos la Ley del tope y vimos el liderazgo de Roboam, mencioné un excelente libro llamado *Confianza*, escrito por el famoso politólogo y economista Francis Fukuyama.[4] Fukuyama, como dije antes, habla del impacto del *capital social* en la prosperidad de los pueblos (el *capital social* es la capacidad que tienen los miembros de una comunidad para interactuar económicamente los unos con los otros).

Nuestros abuelitos tenían un alto nivel de capital social. Cuando llegaban a un acuerdo económico, se daban la mano y eso era todo lo que necesitaban para cerrar un trato. Tenían un alto nivel de confianza con aquellos con los que realizaban un negocio. Hoy día, nuestros contratos parecen una epístola apostólica de treinta páginas escritas en un español que nadie entiende, revisada por cinco abogados... ¡y todavía así nos clavan el cuchillo por la espalda! Es difícil hacer negocios cuando falta la confianza en la sociedad.

A pesar de que Fukuyama habla en su libro de la China, Corea y el sur de Italia, quiero remarcar que una de las razones por las que tenemos tantos problemas —tanto a nivel empresarial como gubernamental— es el concepto del *familismo* tan predominante en los países de nuestro continente. Lo vemos todo el tiempo con los malos políticos latinoamericanos: cuando llegan al gobierno buscan lo mejor para su *familia* y el resto, «¡que reviente!». Colocan a sus familiares en todo tipo de puestos de gobierno, sean o no aptos para esa posición.

Sin embargo, eso no fue lo que hizo Salomón. Él eligió a los mejores, a los más aptos y capaces, fueran familiares o no. Eso le permitió formar un «equipo de exitosos» y, por lo tanto, tomar decisiones gubernamentales y económicas acertadas vez tras vez, tras vez.

Nosotros deberíamos hacer lo mismo: no necesariamente nuestro hijo o hija debe tomar las riendas de la iglesia, ministerio o negocio que nosotros comenzamos. Si es apto para el trabajo, ¡magnífico! Pero si no, debemos elegir a la persona más idónea para realizar la tarea y quitar de en medio a los familiares que no lo son.

Eso no quiere decir que la familia no reciba los beneficios del éxito del negocio en el futuro. ¡Claro que los debe recibir!, solo que no debe meter las manos en lo que no sabe hacer.

Cuando a la salida de Egipto Moisés se encontró con su suegro Jetro, tenía muchos problemas organizacionales. Su suegro, sabiamente, le recomendó:

> Por lo que a ti toca, escoge entre el pueblo hombres capaces, que tengan temor de Dios y que sean sinceros, hombres que no busquen ganancias mal habidas, y a unos dales autoridad sobre grupos de mil personas, a otros sobre grupos de cien, a otros sobre grupos de cincuenta y a otros sobre grupos de diez. (Éxodo 18.21, DHH)

Aquí hay una excelente lista de cualificaciones para las personas que habrán de ser parte de tu equipo de liderazgo:

a. capaces

b. que tengan temor de Dios

c. que sean honestos, sinceros

d. que no busquen ganancias mal habidas

Es importante notar que de los cuatro prerrequisitos, tres tienen que ver con el *carácter*. Cuando elegimos líderes que nos ayudarán a tomar decisiones económicas importantes en el futuro, enfocarse en el *ser* es mucho más importante que enfocarse en el *hacer*. En los últimos años, los CEO [*Chief Executive Officer* o director ejecutivo] de las empresas más importantes de Estados Unidos han estado aconsejando: «Contrata personalidad, entrena habilidad».

Chris Fields, en su blog *Smart Recruiters* [Reclutadores inteligentes], cita a cinco conocidos CEO diciendo lo mismo: contrata carácter (enfócate en el *ser*). Por ejemplo, no mucho tiempo atrás Sir

Richard Branson, el multimillonario magnate de Virgin Group, escribió: «Si puedes encontrar a alguien que sea divertido, amable, solidario y que le encanta ayudar a los demás, tienes a un ganador».[5]

Robert Chavez, el CEO de la empresa Hermès en Estados Unidos dice: «Cuando se trata de contratar, buscamos personas que tengan sentido del humor, gente que pueda sonreír». En particular, al señor Chavez le gusta preguntarles a los candidatos: «¿Qué es lo más importante en su vida?». Se nota que Chavez busca las características de la personalidad y los valores, y ademásle toma el pulso a la integridad del candidato o candidata.[6]

Sin embargo, el carácter o la personalidad de nuestro líder no son suficientes. También tiene que tener capacidad. Esa es la primera característica que menciona Jetro a Moisés: contrata capacidad. Muchas veces, en nuestro mundo religioso elegimos a alguien porque tiene el deseo de hacer el trabajo, porque hace muchos años que está en la iglesia o porque confiamos en esa persona plenamente sin que se tome en cuenta si tiene o no capacidad.

A pesar de que esas son cosas importantes y primordiales en la decisión de contratación, «ser capaz» es esencial para el éxito de tu grupo de líderes. Si siempre estás entrenando incapaces, lo mejor que lograrás será *mediocridad*. Si contratas capaces y los apoyas, tendrás un equipo que trabajará siempre en un alto nivel de excelencia.

## 2. SALOMÓN DELEGÓ AUTORIDAD Y RESPONSABILIDAD EN SUS GOBERNADORES

El Llanero Solitario se murió. Acéptalo.

Es hora no solo de hablar de delegar autoridad y responsabilidad en otros, sino de realmente hacerlo.

La característica que nos ha hecho exitosos hasta el día de hoy es la píldora de cianuro que terminará matándote. Digamos que ese individualismo «a muerte» en el que tú eres un ejército de uno, autodirigido, autosuficiente y autosostenido te ha convertido en el emprendedor que eres el día de hoy llevándote al éxito.

Pero si vas a moverte al próximo nivel en tu liderazgo y en el proceso de tomar decisiones sabias —especialmente en la medida en que la organización crece y se complica— vas a tener que empezar a liderar a través de otros. Vas a tener que empezar a escuchar a otros y vas a tener que aceptar que la decisión de un grupo siempre es mejor que la de un individuo.

Treinta siglos atrás, Salomón aprendió a no micromanejar las decisiones que se tomaban en el reino. Si quieres tomar decisiones económicas inteligentes, establece los parámetros apropiados, los marcos de referencia; entrena a tu gente y permíteles tener autoridad y responsabilidad suficientes como para que aprendan a tomar decisiones por sí mismos.

«El ejecutivo exitoso», se cuenta que una vez dijo el famoso presidente norteamericano Teodoro Roosevelt, «es el que tiene el mejor sentido común para elegir buenos empleados que hagan lo que él desea hacer, y luego tiene el suficiente dominio propio como para evitar meter la cuchara en el plato mientras ellos lo hacen».[7]

El general George Patton decía: «Nunca le digas a la gente cómo se tienen que hacer las cosas. Diles lo que se tiene que hacer y ellos te sorprenderán con su demostración de ingenio».[8]

El autor del éxito de librería *Los siete hábitos de la gente altamente efectiva*, Stephen Covey, dijo en su libro *Principle-Centered Leadership* [El liderazgo centrado en principios]: «Una organización empoderada es aquella en la que los individuos tienen el conocimiento, la capacidad, el deseo y la oportunidad de llegar al éxito de tal manera que su propio éxito es el éxito colectivo de toda la organización».[9]

Debes llegar a desarrollar un equipo en el que cada uno de sus miembros ha dejado de lado sus propias metas y agendas y cree de corazón que el éxito de toda la organización es su propio éxito.

Antes de dejar este punto, me gustaría agregar una nota de precaución. Tiene que ver con la creación de equipos enfermizos. Recuerdo que en mis viejas épocas, cuando salí del Instituto Moody en Chicago, fui a sacar una licenciatura en comunicación interpersonal y de grupo en lo que hoy se llama la Trinity International University, en Deerfield, Illinois. Allí estudiamos ampliamente las dinámicas de grupo y la toma de decisiones en grupo.

Resulta increíble que, a pesar de que la gente piensa que las decisiones en grupo son más lentas que las decisiones tomadas por solo un individuo, eso no es verdad. La realidad, como lo demuestra un estudio realizado en la Universidad de Princeton hace años, es que la decisión toma la misma cantidad de tiempo y, como promedio, ¡es mejor![10]

Si el grupo es un grupo sano, tomará una mejor decisión que un individuo. Pero si el equipo de trabajo es un grupo enfermo, tendrá serios problemas para tomar decisiones acertadas. Una de las típicas enfermedades de un grupo es lo que se llama en inglés *groupthink*.

*Groupthink* es un fenómeno psicológico que se produce dentro de un grupo de personas, en el que el deseo de armonía o de concordar con las decisiones del grupo resulta en un proceso de toma de decisiones irracional o disfuncional. Los miembros del grupo tratan de minimizar el conflicto y de llegar a una decisión por consenso, sin una evaluación honesta y crítica de puntos de vista alternativos, los que suprimen adrede, y se aíslan de las influencias externas.

Se consideran crasos errores de *groupthink*, por ejemplo, la inhabilidad del gobierno norteamericano para entender que los japoneses atacarían Pearl Harbor, o el fiasco de la fallida invasión a Cuba a través de la Bahía de Cochinos (o Playa Girón), la caída de Swissair (considerada un «banco en vuelo») y la British Airways al final de los noventa. Es importantísimo que tú y yo mantengamos saludables a nuestros grupos de trabajo, especialmente los que toman decisiones.

Irving Janis, de la Universidad de Yale, en su libro *Groupthink* enumera algunos de los síntomas de esta enfermedad grupal en un estudio realizado con tomadores de decisiones en altos niveles de gobierno:

- El primer síntoma es la sensación grupal de invulnerabilidad. Eso lleva a un optimismo desmedido y hace que los tomadores de decisiones no respondan a las advertencias de peligro y estén dispuestos a tomar riesgos extraordinarios.

- El segundo síntoma es que los participantes de *groupthink* ignoran las advertencias que se les hacen y racionalizan sus malas decisiones para poder descartar las ideas contrarias.

- En tercer lugar, las víctimas de *groupthink* creen que sus decisiones deben ser incuestionables y que existe una moralidad inherente en todas las acciones que toma el grupo. Eso lleva a los tomadores de decisiones a ignorar las consecuencias éticas o morales de las medidas tomadas.

- En cuarto lugar, las víctimas de *groupthink* crean estereotipos en los que creen firmemente con respecto a los líderes de grupos opuestos, enemigos o competidores. Esas personas o grupos se ven tan mal a sus propios ojos que no existe ninguna razón ni justificación para el arbitraje de las desavenencias o desacuerdos. Además, puede que vean a sus competidores como demasiado débiles o estúpidos como para defenderse eficazmente.

- En quinto lugar, las víctimas de *groupthink*, dice Janis, tienden a aplicar inmediatamente presión sobre cualquier individuo que en cualquier momento exprese dudas sobre la cosmovisión irreal que comparte el grupo o que cuestiona la validez de los argumentos presentados.

- El sexto síntoma de *groupthink* es que la unanimidad se convierte en un ídolo. Los participantes del grupo enfermo tratan de no desviarse de las ideas que creen que el grupo tiene y valora. Tratan de amoldarse al consenso del grupo. Guardan silencio si tienen dudas e incluso tratan de convencerse a sí mismos minimizando la importancia de sus dudas.

Las víctimas de *groupthink* a veces toman la responsabilidad personal de ser «guardianes de la mente grupal» para proteger a los tomadores de decisiones de información que podría ser adversa.

Janis cita una situación en la que Robert Kennedy, frente a la discusión sobre la invasión a Cuba, tomó a un miembro del grupo de decisión y le dijo: «Puede que usted esté correcto o puede estar equivocado, pero el presidente ha tomado una decisión. No insista. Ahora es el tiempo en el que cada uno le ayude a él lo más que pueda». Cuando un grupo está enfermo, no hay nada más inconveniente que la verdad.

Janis también enumera algunas consecuencias resultantes de un proceso de resolución de problemas enfermizo. Entre ellas se encuentran:

- La limitación de la discusión a solo unas pocas alternativas de acción.
- La falta de oportunidad para reexaminar algunas de las acciones tomadas en el pasado y ahora dejadas de lado.
- Y el hecho de no recabar información por parte de expertos dentro de la misma organización, lo que podría suministrar estimados más precisos de posibles pérdidas y ganancias derivadas de los cursos alternativos de acción que se están discutiendo.[11]

Piensa en tu negocio o en tu organización. ¿Cómo se están tomando las decisiones económicas? ¿Las tomas en forma individual? ¿Las tomas en forma grupal? ¿Animas al grupo a tener una dinámica saludable o crees que pueden caer en *groupthink*? Si queremos movernos al «siguiente nivel» de complejidad en nuestra empresa o iglesia, vamos a tener que aprender a trabajar en equipo, delegando autoridad y responsabilidad como lo hizo Salomón hace 3000 años.

## 3. SALOMÓN TENÍA ALGUNAS REGLAS ECONÓMICAS QUE LO LLEVARON AL ÉXITO A TRAVÉS DEL TIEMPO

El libro de los Proverbios es una ventana al corazón y a la mente del sabio rey de Israel. Cuando uno lo lee, puede darse cuenta de que Salomón tenía una manera muy particular de pensar al momento de tomar decisiones económicas. Los proverbios salomónicos no solo forman parte del consejo de la Palabra de Dios para nosotros, sino que también nos muestran cómo pensaba el hombre más rico del mundo.

Aquí hay una lista de principios económicos que debes tener en cuenta al momento de tomar decisiones económicas en tu organización o negocio:

### a. Salomón obedeció el Principio del compromiso garantizado

Este es un concepto que aprendí del que fue uno de mis mentores más influyentes, el doctor Larry Burkett. Como no encontré ningún equivalente cultural a este concepto, he decidido llamarlo «compromiso garantizado».

El Principio del compromiso garantizado se inspira en Proverbios 22.26, 27 que dice: «No seas de aquellos que se comprometen, ni de los que salen por fiadores de deuda. Si no tuvieres para pagar, ¿por qué han de quitar tu cama de debajo de ti?».

El énfasis del concepto surge de la primera y la tercera frase: no seas de aquellos que se comprometen y luego no tienen con qué pagar. La idea principal es que cada vez que uno se compromete económicamente debe hacerlo solamente si tiene una forma segura de pagar la deuda.

El Principio del compromiso garantizado, entonces, dice que «uno no debe hacer un compromiso económico a menos de que tenga la certeza absoluta de que lo podrá pagar».

Dicho de otra manera: nuestro *activo* siempre debe ser mayor que nuestro *pasivo*. Lo que nosotros tenemos debe ser siempre más de lo que debemos.

Por ejemplo: si uno compra un televisor a pagar a plazo, no bien lo lleva a casa, ya ha comenzado a perder valor. Si quiere venderlo al mes o a los dos meses de haberlo comprado, puede ser que lo tenga que vender a un treinta o cuarenta por ciento más bajo que su valor original. Sin embargo, la deuda contraída al comprarlo no ha bajado tan rápido.

Ahora, el pasivo (lo que debemos por el televisor) es más grande que el activo (el valor real del televisor en el mercado). Hemos violado el Principio del compromiso garantizado. Un gravísimo error al momento de tomar una decisión económica.

Lo mismo ocurre con la adquisición de propiedades, los compromisos con nuestros proveedores, el comienzo de nuevos negocios y la compra de artículos para el hogar, para la empresa o para la oficina.

Por ejemplo: supongamos que quisiéramos comprar un automóvil. Lo compramos por veinte mil a pagar en cinco años con un interés del cinco por ciento anual. No damos nada de anticipo (como ahora se acostumbra en muchos países). Sin embargo, a los doce meses tenemos una emergencia y lo tenemos que vender.

Un auto puede haber perdido hasta un treinta por ciento de su valor el primer año de uso. Por lo tanto, ahora nuestro auto solamente vale unos catorce mil en el mercado del usado. La mala noticia es que nosotros todavía tenemos una deuda de dieciseis mil. Entonces perdemos todos los pagos que hemos hecho, perdemos el auto ¡y todavía tenemos dos mil dólares de deuda!

Este no es un ejemplo exagerado; es una historia que escucho una y otra vez en todo el continente. Es la consecuencia de violar el Principio del compromiso garantizado.

La solución para este problema hubiera sido dar un «enganche» o anticipo de unos cuatro mil al comienzo de la transacción para que doce meses después, cuando vino el tiempo de las «vacas flacas» y algo inesperado llegó a nuestra vida, pudiésemos tranquilamente vender el auto, pagar los doce mil novecientos que tendríamos de deuda y quedarnos, por lo menos, con mil en el bolsillo.

Recordemos, entonces, que cada vez que uno va a adquirir una deuda para el negocio o para la organización, la primera pregunta que debe hacerse es: «¿Cómo salimos?». Si no tenemos una respuesta de cómo vamos a salir libres de nuestro compromiso de una manera clara y segura, entonces no deberíamos hacerlo.

## b. Salomón evitó la presunción del futuro

Otro error común en el que los líderes empresariales caen regularmente es el de adquirir una deuda presente basándonos *solamente* en ganancias futuras. Este error es tan común en todo el continente como el pan.

La enseñanza sobre la presunción también proviene de Proverbios 27.1 donde dice: «No te jactes del día mañana; porque no sabes qué dará de sí el día» (RVR1960).

Todos sabemos que el mañana no nos pertenece; sin embargo, nos «jugamos» el futuro como a la lotería. Por eso a veces nos va tan mal...

Deberíamos evitar presumir del mañana y, cada vez que hacemos un compromiso económico en el presente, debería estar basado en ganancias pasadas y no en ganancias futuras.

A veces me dicen: «Pero Andrés, si yo compro esta máquina de diez mil y la máquina produce mil mensuales, lo suficiente como para poder pagar las cuotas, ¿por qué no hacerlo?». A lo que me gusta responder: «¿Y cómo sabes que la máquina te va a producir lo suficiente como para pagar las cuotas? ¿Cómo sabes que no te vas a enfermar de aquí a doce meses? ¿Cómo sabes que el negocio te va a ir tan bien el año que viene como este año?».

Estas no son preguntas exageradas. Son preguntas basadas en la experiencia. Así es como los negocios se van a la quiebra, y las iglesias, ministerios y organizaciones producen altos niveles de dolor entre los miembros de su equipo de trabajo.

Lo mejor es estar seguros de que uno coloca una suficiente cantidad de dinero de «enganche», arras o anticipo para que, si el negocio no anda muy bien el año que viene, sea posible vender la máquina, pagar la deuda y salir del problema.

El asunto no es adquirir o no adquirir deudas. El asunto es no comportarnos como suicidas. Debemos aprender a manejar mejor las acciones de riesgo.

## c. Salomón evitó caer en deudas y pagar intereses

El hombre más rico del mundo sabía lo que la gente rica sabe y los pobres muchas veces no advierten: el deudor es esclavo del acreedor. Era verdad cuando se escribió Proverbios 22.7 en el Medio Oriente hace tres mil años, y es verdad en Moscú, Madrid o México en el día de hoy.

Cuando estamos frente a la toma de un compromiso económico, hay siete aspectos que deberíamos tener en cuenta:

1. Pedir prestado no es pecado. Si no, Dios nunca le hubiese dado permiso al pueblo de Israel para prestarse los unos a los otros.
2. Pedir prestado debe ser algo inusual en nuestras vidas. Cada vez que la Biblia habla de deudas siempre es un concepto negativo. Evitémoslas lo más posible.

3. Nunca deberíamos pedir prestado para cosas que pierden valor a través del tiempo. No deberíamos tener deudas de consumo.

4. El endeudamiento puede ser una muestra externa de que no estamos satisfechos con la provisión de Dios para nuestras vidas. Aprendamos a vivir en contentamiento. Aprendamos a esperar el *kairós* —el tiempo perfecto de Dios— para cumplir nuestros planes.

5. Paguemos nuestras deudas lo más rápido posible. Seamos esclavos de Jesucristo y no de los bancos, prestamistas o acreedores.

6. Las cosas que compramos —muebles, equipamiento, edificios, maquinaria— no son nuestras hasta que las hayamos pagado en un ciento por ciento.

7. Los intereses te succionan el aire y la vida de la empresa. Es difícil prosperar cuando se tienen que pagar las tasas de interés que se demandan en el continente. Resulta muy difícil crecer a un nivel superior al porcentaje que te requiere una tarjeta de crédito, por ejemplo.

Si deseas salir de tus deudas o de las deudas de la empresa u organización, te recomiendo que sigas los consejos del libro *¿Cómo salgo de mis deudas?* publicado por Grupo Nelson y distribuido por HarperCollins. Búscalo en la Internet e, inclusive, lo puedes bajar como un libro electrónico. Hemos ayudado a miles de líderes en todo el continente a salir exitosamente de sus deudas.

## d. Salomón creció planificada, consistente y pacientemente por cuarenta años

El libro de los Proverbios en el capítulo 21, versículo 5 dice: «Los planes bien pensados y el arduo trabajo llevan a la prosperidad, pero los atajos tomados a la carrera conducen a la pobreza» (NTV). El crecimiento del imperio salomónico no ocurrió de la noche a la mañana. Fue el resultado de una buena planificación a través del tiempo.

Hace algunos años, participé en la edición de un material de estudio bíblico que se llamó «Los negocios y la Biblia»,[12] un curso para empresarios producido por mis buenísimos amigos de la Fraternidad de Compañías de Cristo Internacional (FCCI). A continuación te copio algunas ideas que te pueden ayudar con respecto al tema de planificar inteligentemente la vida de tu iglesia, negocio u organización.

### La buena planificación empresarial

Desafortunadamente, el cincuenta por ciento de las nuevas empresas no vivirán más allá de su cuarto año de vida.[13] Muchas fracasan porque no tienen un plan de negocio adecuado. Sin un plan, intentan comenzar con un capital inadecuado para sus necesidades de flujo de efectivo, consolidando un inventario en crecimiento, cuentas por cobrar y necesidades de personal. El enfoque bíblico para los negocios empieza con el reconocimiento del rol de Dios. Proverbios 3.5–6 dice: «Fíate de Jehová de todo tu corazón, y no te apoyes en tu propia prudencia. Reconócelo en todos tus caminos, y él enderezará tus veredas» (RVR1960). Cuando preparas un plan para un negocio nuevo o existente, ese plan deberías *reconocerlo en todos tus caminos*; esto es, reconocer el rol de Dios en cada aspecto del negocio.

### Pasos para una buena planificación empresarial

1. *Identifica los valores fundamentales de tu empresa.* Los valores de tu empresa se descubren, no se imponen. Son las estrellas en el cielo, el mapa apropiado, la brújula que guiará a tu equipo de trabajo en el proceso de toma de decisiones apropiadas.

Lawrence Harrison y Samuel Huntington, en su libro *Culture Matters* [La cultura es lo que importa], citan a Mariano Grondona para presentar un concepto revolucionario: existen culturas que tienden hacia la prosperidad y culturas que la resisten.[14] Harrison propone diez características de la cultura de un país que tiende hacia la prosperidad (quizás podríamos adaptar estas ideas a nuestras empresas):

1. **Enfoque en el tiempo**. Las culturas que progresan miran hacia adelante, en vez de hacia atrás, hacia los logros pasados.

2. **Actitud hacia el trabajo**. En las culturas que progresan la gente ama trabajar arduamente.

3. **Hábitos de modestia**. En las culturas progresistas la gente tiene un estándar de vida moderado, tenga o no abundancia de dinero.

4. **Actitud hacia la educación**. En las culturas que progresan, las personas valoran y fomentan la educación.

5. **Reconocimiento al mérito**. Las culturas orientadas hacia el progreso son meritocráticas; es decir, promueven y pagan basadas en el mérito de las personas.

6. **Sentimiento de comunidad**. En las culturas que progresan la gente extiende el concepto de familia al resto de su comunidad.

7. **Ética**. Las culturas que progresan tienen miembros que han desarrollado sistemas y procesos de autocontrol ético. Entienden claramente la diferencia entre lo correcto y lo incorrecto, y eligen consistentemente hacer lo correcto.

8. **Justicia y ecuanimidad**. Las culturas que tienden a la prosperidad valoran la justicia y son ecuánimes. Aplican la justicia igualmente para todos.

9. **Manejo de la autoridad**. Las culturas que llevan a la prosperidad respetan la autoridad, y la autoridad no abusa de su posición de poder.

10. **Separación iglesia/estado —aceptación religiosa**. Las culturas que tienden a prosperar demuestran aceptación hacia aquellos que no piensan como ellos y evitan los conflictos religiosos.

¿Cuáles son tus valores? ¿Qué cosas son realmente importantes para ti en tu negocio?

Piensa: ¿por qué razón yo sacaría a alguien de mi empresa? Para que un valor sea «fundamental» uno debe estar dispuesto a dejar ir a alguien que no refleja ese valor en su trabajo o en su vida.

Alguna vez en una conferencia escuché a Dave Rae, expresidente de Apple para Canadá y uno de los vicepresidentes de Apple a nivel mundial, explicar los valores fundamentales de esa empresa en la que trabajó por varios años. Aquí van los valores fundamentales de Apple cuando Dave todavía trabajaba en ella:

1. El valor de cada ser humano.
2. El valor de trabajar en equipo.
3. El valor de la excelencia.
4. El valor de honrar y escuchar a nuestros asociados (proveedores y distribuidores).
5. El valor de la celebración.
6. El valor de la honestidad, la transparencia y la integridad.[15]

Comienza tu planificación estratégica escribiendo tus valores fundamentales.

2. *Redacta la declaración de misión*. El segundo paso para desarrollar un plan de negocios efectivo es escribir una buena declaración de misión. Debe ser clara y definir la razón de la existencia del negocio.

*Visión* es lo que yo «veo». ¿Cómo se verá el mundo si somos exitosos en lo que estamos haciendo?

La *misión* es lo que yo hago para cumplir con esa visión.

Es cierto que lleva mucho trabajo redactar una o dos simples oraciones fáciles de memorizar que reflejen claramente el propósito del negocio, pero vale la pena el esfuerzo. Orientará al equipo en lo que deben y no deben hacer. Ayudará a entender qué tendrían que comenzar a hacer y qué tendrían que dejar de hacer.

La declaración de misión necesita estar orientada hacia un propósito: animarme y darme energías. Debe ser inspiradora.

Por ejemplo, uno podría decir que su misión era ganar tanto dinero como le fuera posible vendiendo autos usados. Pero una declaración con un mayor propósito, basada en los valores de la declaración de la misión, diría algo así: *Nuestra misión es glorificar a Cristo sirviendo a la gente de ingresos modestos proveyéndoles un transporte confiable a un precio justo.*

Cada declaración de misión debe escribirse y revisarse teniendo en cuenta el propósito y los valores de la empresa.

3. *Establece objetivos medibles.* El tercer paso del proceso de planificación es establecer objetivos que puedan medirse fácilmente. Para el negocio de vehículos usados, por ejemplo, debería ser algo así: «Nuestro objetivo es vender veinticinco autos por mes, alcanzar el diez por ciento de margen de ganancia y mantener las deudas incobrables por debajo del uno por ciento de las ventas brutas». Los objetivos medibles ayudan a crear un sentido de urgencia para establecer sus objetivos.

4. *Desarrolla un plan.* En cuarto lugar, formula un plan para alcanzar tus objetivos que sea coherente con la misión y los valores. Un plan da dirección a asuntos como la capitalización, la organización, la mercadotecnia, las necesidades del personal, las proyecciones de

ingresos y gastos, la distribución, todo lo que se necesita para saber, ejecutar y operar un negocio exitoso.

Cuando se trata de planificar, junta todos los datos que puedas. Una buena planificación siempre está basada en información precisa, y eso cuesta mucho trabajo conseguir, pero es esencial para tomar decisiones basadas en la realidad.

A pesar de que nunca podrás conocer cada detalle de una empresa, haz lo posible por averiguar todo lo que sea verdad. Como dice un famoso dicho popular en Estados Unidos: «Tienes que saber lo que sabes y saber lo que **no** sabes». Cada plan debe estar basado en una mezcla de la realidad, de aquello que desconocemos y de lo que suponemos. Muchas de las suposiciones se pueden convertir en verdades con un poco de diligencia.

Si quieres encontrar recursos que te ayudarán a ti y a tu negocio en la planificación y proyección del flujo de efectivo, te recomiendo que visites www.culturafinanciera.org.

5. *Después de planificar, sé responsable en la rendición de cuentas.* Con frecuencia, la gente de negocios comete el error de no diseñar un sistema de corresponsabilidad para ayudar a que la organización se mantenga enfocada en implementar un determinado plan de negocios. En toda la Escritura, Dios requiere que la gente sea responsable y rinda cuentas.

Por ejemplo, en Mateo 25.19, cuando Jesús está contando la parábola de los talentos, dice: «Después de mucho tiempo vino el señor de aquellos siervos, y arregló cuentas con ellos» (RVR1960). En Lucas 9.10 dice que «Cuando los apóstoles regresaron, le contaron a Jesús todo lo que habían hecho» (NTV). Jesús los había enviado con una misión específica y ahora ellos estaban rindiendo cuentas del trabajo realizado.

Cuando Pablo y Bernabé terminaron su primer viaje misionero, dice el libro de los Hechos que «Por último, regresaron en barco a Antioquía de Siria, donde habían iniciado su viaje. Los creyentes de allí los habían encomendado a la gracia de Dios para que hicieran el trabajo que ahora habían terminado. Una vez que llegaron a Antioquía, reunieron a la iglesia y le informaron todo lo que Dios había hecho por medio de ellos y cómo él también había abierto la puerta de la fe a los gentiles» (Hechos 14.26, 27, NTV). Y luego, en el capítulo 15 de Hechos, leemos que viajaron a Jerusalén para rendir cuentas de lo que habían hecho a los mismos apóstoles.

Debemos hacer lo mismo en nuestros negocios, organizaciones e iglesias para una correcta y exitosa implementación del plan de negocios.

6. *Después de planear, mide, evalúa, ajusta; mide, evalúa y ajusta.* Medir el progreso de tus objetivos es crucial para implementar el plan. Uno no puede mejorar nada que no pueda medir. Esa es la razón por la que, cuando llegamos a casa y encontramos a nuestros hijos con fiebre, lo primero que hacemos es medir su temperatura.

Un dicho muy conocido en el tema de la planificación es que *si no lo puedes medir, no lo puedes manejar.* Medir con regularidad y apropiadamente nos dice qué tan bien estamos desempeñando el plan. También nos muestra lo que necesitamos ajustar para lograr nuestras metas.

Medir te llevará a evaluar. La evaluación te llevará a hacer cambios y ajustes. La implementación de esos cambios y ajustes te llevará, nuevamente, a medir para mejorar sistemas y procesos. Esa es la manera de hacer que tu organización mejore continuamente.

### Ejemplo del desarrollo de un buen plan

A continuación comparto contigo algunos de los temas que podría cubrir una buena planificación para tu ministerio o negocio. No tiene que ser complicado. Aquí te damos muchísimas ideas. Tú toma solo lo que se aplique a tu situación y descarta lo demás.

Para más información, puedes buscar en la Internet las palabras «plan de negocios» y encontrarás una gran cantidad de vídeos y artículos que te ayudarán a realizar un plan exitosamente.

### Resumen de la situación de la empresa
- Para el inicio de un nuevo negocio: Escribe un resumen del concepto del negocio y por qué crees que el negocio es viable.
- Para un negocio existente: Describe la situación actual de la empresa y por qué crees que es necesario establecer un nuevo plan.

### Fundamentos del negocio
- ¿Cómo se estructurará u organizará el negocio en lo que respecta a sus responsables más importantes?
- ¿Cuál es el ramo? ¿En qué «rubro» estarás? Describe en detalle lo que el negocio brindará, por qué es viable personal y financieramente.
- ¿Por qué quieres abrir un negocio y qué esperas lograr con él?
- ¿Qué avala el negocio?
- ¿Cuáles son tus sueños —tus metas— a corto, mediano y largo plazo para el negocio?

Escríbelos aquí:

Corto (12 meses): _____

_____

Mediano (36 meses): _____

_____

Largo (60 meses): _____

¿Cuál es tu modelo de negocio? _____

_____

_____

## Plan de ingresos (conoce las cantidades y los números importantes)

- Describe cada fuente de ingresos.
- ¿Qué se puede esperar de cada fuente?
- ¿Cuál es el origen de los ingresos básicos en los negocios que conoces?
- ¿Cómo sabrás que estás al día con tu plan financiero?

## Plan de capitalización

- ¿Qué vas a necesitar conseguir para poder lograr el plan de ingresos actual a mediano y largo plazo? Por ejemplo: ¿qué inmuebles, equipos, stocks, etc. necesitas? Elabora una lista detallada con el costo real o proyectado para cada categoría de gastos.

## Plan de mercadotecnia

- ¿Quién es tu competencia?
- ¿Cuál es tu ventaja competitiva que te hace diferente y mejor que la competencia?
- ¿Cuánto costará el desarrollo, la expansión y la participación en el mercado?
- ¿Cómo lograrás el mantenimiento económico y la expansión del negocio?

## Plan de recursos humanos

- ¿Qué tipo de personal necesitarás para lograr que el plan de ingresos a mediano y largo plazo sea factible?

- Desarrolla un presupuesto para los salarios y para los gastos generales, tanto para mediano plazo como para largo plazo.

## Plan financiero

- Desarrolla un presupuesto inicial: Piensa dónde y cómo conseguirás el capital para comenzar este emprendimiento y su desarrollo.
- Desarrolla una proyección del balance general para tres a cinco años (activos y pasivos).
- Desarrolla una proyección de ganancias y gastos para tres a cinco años (entradas y salidas).
- Desarrolla una proyección de ingresos netos anuales:
  - ¿Cuánto te costará la compra de materiales y suministros?
  - ¿Cuáles serán tus gastos adicionales para vender el producto?
  - ¿Cuáles serán tus costos administrativos y generales?
  - ¿Cuál será la cantidad de entradas brutas que tendrás?
  - Entradas brutas menos todos los gastos = utilidad proyectada.
  - Tu utilidad proyectada te permite calcular tu margen de ganancia.
- ¿Cómo administrarás las utilidades de la empresa?
  - Porcentaje de las ganancias netas que se quedarán dentro de la empresa.
  - Porcentaje de las ganancias netas que te llevarás a tu casa (o tu salario).
  - Porcentaje de las ganancias netas de la empresa para dar generosamente (diezmos + ofrendas).
  - Porcentaje de las ganancias netas que recibirán los accionistas.

### Políticas y principios empresariales a nivel personal

- Desarrolla una lista de tus metas a largo plazo para el negocio. ¿Qué es lo que deseas lograr? ¿Cuál es tu producto final?
- Describe por qué quieres ser empresario en lugar de ser empleado.
- Piensa en las siguientes áreas:
  - ¿Cuál es mi relación con la empresa y mi compromiso con Cristo?
  - ¿Cómo uso el dinero?
  - ¿Cómo uso mi tiempo?
  - ¿Cómo me comporto con respecto a estas cuestiones éticas?
- El pago de impuestos: ¿Estoy pagando los impuestos como corresponde?
  - Los sobornos: ¿Cuál es mi política con respecto al pago de sobornos?
  - ¿Tengo una política empresarial definida?
  - ¿Estoy utilizando los bienes de mi negocio para uso personal?
- Confesión y restitución: Cuando actúo de un modo que Dios no aprueba, ¿le confieso mi falta a Dios? ¿Confieso mi falta a mi prójimo? ¿Busco la manera de reparar el daño que ocasioné? ¿Restauro, inclusive, las relaciones perjudicadas?
  - ¿Tengo criterios bien claros al momento de manejar el negocio?
- Criterios personales: ¿Cuáles son los criterios que desearía que otros me exijan cumplir en lo referente al manejo de tiempo, dinero, familia, etc.?
- ¿Cómo es que el negocio afectará la relación entre mi fe, la familia, los empleados, clientes y mentores?
  - ¿Qué cosas debo evitar? ¿Qué cosas no debo hacer?
  - ¿Qué cosas deseo alcanzar? ¿Qué es realmente importante?

- El cuidado de los empleados.
  - Pasos para la contratación.
  - Ideas para su motivación.
  - Causas del despido.
  - Pasos para el despido.
  - Cancelación del proceso de despido.
- Selección de gerentes.
  - Criterios para la contratación del liderazgo.
- Principios de administración de deudas.
  - Pautas para el manejo de deudas a corto plazo.
  - Pautas para el manejo de deudas a largo plazo.
  - Pautas para el endeudamiento y el financiamiento: Hacer una lista de los ítems por los cuales uno se endeudaría y por los cuales no.
- Principios para concesión de crédito.
  - Desarrolla los términos para conceder crédito a tus clientes.
  - ¿Cómo implementarás la cobranza a los morosos?
- Establece una política empresarial para manejar juicios en tu contra o para llevar a alguien a juicio.

### Algunas ideas finales

Hay un viejo dicho que afirma: «La información sin la aplicación lleva a la frustración». Tienes una gran cantidad de información para evaluar. Ahora tienes que decidir lo que Dios quiere que hagas con la información que acabamos de exponerte.

### No se puede hacer todo de una sola vez

Quizás la forma más sencilla de frustrarse y que todos a tu alrededor se frustren es intentar implementar todo el material de este libro de inmediato. Sería como intentar vivir una vida cristiana madura al día siguiente después de haber conocido a Jesús como tu Salvador. El crecimiento es un proceso por el que todos debemos pasar a través del tiempo. Comienza a enfocarte en un área específica que consideres clave para el negocio. Puede ser el desarrollo de buenas políticas de contratación o pagar un mejor salario a los empleados.

Comienza con tu propia vida. Buenas noticias: ni una pobre administración por un lado, ni la falta de recursos disponibles por el otro te pueden alejar de aplicar los principios bíblicos a tu propia vida. Decide amar a la gente que te rodea, aun a aquellos que no son de tu agrado.

### Comienza un tiempo devocional en el negocio

Casi todos los dueños de negocios pueden implementar un tiempo devocional. Mientras sea opcional para el trabajador, siempre será legal. Aquellos que deseen seguir trabajando durante ese tiempo deben sentir que tienen la libertad de hacerlo.

Considera traer a un orador de afuera de la compañía para tratar temas especiales como las drogas, la crianza de los hijos, la comunicación entre marido y mujer, o cómo salir de deudas. Temas como estos llegan virtualmente a cualquier persona, y si seleccionas oradores con una trayectoria comprobada en sus áreas de experiencia, estarás ayudando a tus empleados. Puedes comenzar implementando las enseñanzas en vídeo de *¿Cómo llego a fin de mes?* o *¿Cómo salgo de mis deudas?* Pide información a la oficina nacional de El Instituto para la Cultura Financiera en tu país o a través del portal de la Internet del Instituto: www.culturafinanciera.org.

### Refleja a Cristo en tu trabajo

Habla de Cristo con tus empleados, vendedores y clientes. Pero primero asegúrate de tratar a tus empleados con amor, pagarles a tus proveedores a tiempo, y brindar un buen producto y servicio a tus clientes. Una vez que demuestras que Cristo está trabajando en tu propia vida, considera probar ideas que a otros les han resultado. No todas las ideas serán adecuadas para todas las personas y los negocios.

Yo creo que las organizaciones que deciden dar testimonio de Dios progresan integralmente. Esta fue la experiencia de Chepe Villeda, un renombrado corredor de Motocross de Guatemala y dueño de una reconocida cadena de agencias de motos, cuando decidió imprimir Biblias y regalarlas a los clientes que adquirían una motocicleta. La evidencia de su gran pasión por el Señor, sus enseñanzas e infalibles principios se vieron materializados en este sencillo y práctico gesto de testimonio. Sus clientes no solo se llevaban una moto sino el gran mensaje transformador de la Palabra de Dios.

Ponerse en el lugar de Cristo requiere la total sumisión de tu ser y tu disposición a aceptar hacer el ridículo frente a aquellos que no aman las cosas de Dios. Pero eso no es nada nuevo. Para ser usados por Dios, primero tenemos que estar dispuestos a morir por Él. Como dice el apóstol Pablo: «Pero cuantas cosas eran para mí ganancia, las he estimado como pérdida por amor de Cristo. Y ciertamente, aun estimo todas las cosas como pérdida por la excelencia del conocimiento de Cristo Jesús, mi Señor, por amor del cual lo he perdido todo, y lo tengo por basura, para ganar a Cristo» (Filipenses 3.7–8, RVR1960). La verdadera pregunta es: ¿crees eso? ¿O simplemente *dices* que lo crees?

### e. Salomón multiplicó sus recursos económicos a través de alianzas estratégicas

A pesar de que hablaremos de alianzas estratégicas más adelante, es importante notar que Salomón desde un comienzo entendió el poder de la sinergia que traen las alianzas. Salomón estableció alianzas importantes con el rey de Egipto, con la reina de Sabá, con el rey Hiram de Tiro y muchos otros.

En el libro del Eclesiastés —atribuido por algunos a Salomón— la Palabra de Dios dice:

Es mejor ser dos que uno, porque ambos pueden ayudarse mutuamente a lograr el éxito. Si uno cae, el otro puede darle la mano y ayudarle; pero el que cae y está solo, ese sí que está en problemas. Del mismo modo, si dos personas se recuestan juntas, pueden brindarse calor mutuamente; pero ¿cómo hace uno solo para entrar en calor? Alguien que está solo puede ser atacado y vencido, pero si son dos, se ponen de espalda con espalda y vencen; mejor todavía si son tres, porque una cuerda triple no se corta fácilmente. (Eclesiastés 4.9–12, NTV)

Las alianzas estratégicas pueden convertir nuestra energía en sinergia, donde la suma de 2 + 2 ya no son 4, ¡sino 5 o 6! Este tipo de alianzas son beneficiosas para las dos partes y las dos partes avanzan juntas mucho más que cada una por su propia cuenta.

Una práctica que tenemos en El Instituto para la Cultura Financiera es que cuando podemos hacerlo, animamos a nuestros representantes y distribuidores del continente a comprar productos juntos. Cada uno se compromete al comienzo del año a comprar una cierta cantidad de libros de cada título que ofrece nuestra casa publicadora. Eso ayuda a nuestros proveedores a planear mejor la impresión de libros y ahorrar una buena cantidad de dinero en el proceso. Por lo tanto, le pueden dar precios más baratos a todo el grupo que lo que nos podrían ofrecer si cada uno compra por separado sin planificación alguna.

Las alianzas son algo muy poderoso en el ministerio y en el mundo de los negocios. Sin embargo, hay que saber construirlas y mantenerlas. De eso hablaremos en el capítulo siguiente de la mano de uno de los mejores constructores de alianzas estratégicas que conozco en el mundo.

## ESTA LEY EN LAS ESCRITURAS...

Los planes bien pensados y el arduo trabajo llevan a la prosperidad, pero los atajos tomados a la carrera conducen a la pobreza. (Proverbios 21.5, NTV)

# ACTIVIDAD PRÁCTICA Y AUTOEVALUACIÓN

## EVALUACIÓN PERSONAL

1. ¿Por qué los empresarios y líderes latinoamericanos tendemos hacia el nepotismo y el «compadreo» en nuestras organizaciones?

_____

_____

_____

_____

_____

2. ¿Cuántos amigos y parientes tengo en el liderazgo?

_____

_____

_____

_____

_____

3. ¿Cómo debería estar diseñado un buen proceso de selección de líderes?

_____

_____

_____

_____

_____

_____

4. ¿Qué cosas debería cambiar en la forma en la que tomo decisiones financieras como líder?

_____

_____

_____

_____

_____

_____

5. ¿Por qué nos resulta tan difícil dominar nuestra tendencia a interferir una vez que hemos delegado autoridad y responsabilidad?

_____

_____

_____

_____

_____

6. ¿Cuáles son las «reglas salomónicas» que deberíamos considerar obedecer en el ámbito de la toma de decisiones económicas en la empresa/organización?

_____

_____

_____

_____

_____

7. ¿Qué cosas debería cambiar en la forma en la que tomamos decisiones financieras?

_____

_____

_____

_____

_____

_____

8.  ¿Qué estructuras debería cambiar en el negocio/organización para imitar los aciertos de Salomón?

_____

_____

_____

_____

_____

## ESTUDIO DE CASO[16]

_Carlos había estado tratando de convertir a su empresa en una plataforma para el ministerio. Cuando llegó el momento de contratar a un nuevo contador, se aseguró de que fuera un creyente. Afortunadamente, logró encontrar y contratar a uno altamente calificado. Cuando la asistente del departamento contable se enteró de la llegada de su nuevo jefe ella exigió que se le aumentara el sueldo en un cincuenta por ciento y que se le diera un ascenso._

_A pesar de haber estado en la empresa durante once años, el liderazgo le informó que no estaba calificada para asumir las responsabilidades que ella deseaba. Por lo tanto, se le dejó saber que sería imposible cumplir con sus exigencias. La empleada renunció sin previo aviso negándose a informar al nuevo contador sobre el sistema contable computarizado de la empresa._

_Cinco meses después, Carlos recibió una notificación legal indicando que existía una demanda hecha por su exempleada ante la autoridad laboral acusándole a él y a la empresa de discriminación religiosa y de género. Carlos ni siquiera había participado en el estudio que se llevó a cabo y que_ concluyó en que ella no tenía la capacidad profesional adecuada para el puesto que solicitaba. Así es que buscó al mejor abogado laboralista cristiano y luego de meses de discusiones y diligencias, el abogado le informó que el caso ya estaba bastante avanzado. Pero que tenía que decidirse por una de dos opciones: mantenerse firme en sus declaraciones e ir a juicio, o llegar a un acuerdo extrajudicial en el que podrían quedar dudas sobre su culpabilidad en el caso. También el abogado le advirtió de lo impredecible que podría resultar el proceso judicial por el clima altamente politizado que se estaba viviendo en su ciudad y su estado. Le dijo que en esa coyuntura, no habría seguridad de que ganarían el juicio y que «podría pasar cualquier cosa». Le sugirió orar sobre la posibilidad de llegar a un acuerdo extrajudicial.

¿Debería Carlos terminar con el proceso judicial (lo que podría afirmar sin lugar a dudas su inocencia) o debería seguirlo hasta el final (y correr el riesgo de que la gente pensara que hubo discriminación)?

## Análisis

1. Define el problema real y de raíz que tiene Carlos en sus manos:

   _____

   _____

   _____

   _____

   _____

2. Identifica las partes (personas, individuos, entidades) involucradas en el problema:

   _____

   _____

   _____

   _____

_____
_____

3. Describe las circunstancias especiales que presenta este estudio de caso y las consecuencias potenciales de cada posible decisión:

_____
_____
_____
_____
_____
_____

## Perspectiva bíblica

Reconociendo que cada gerente cristiano es un «representante de Dios» en su lugar de trabajo, y cada empresa es una plataforma para el ministerio, piensa:

1. ¿Qué acción debería tomarse frente a esta situación?

_____
_____
_____
_____
_____
_____

2. ¿Cómo podría honrarse a Dios en la medida en la que uno toma esa decisión?

_____
_____
_____
_____

_____

_____

## Aplicación práctica

A la luz de este estudio de caso:

1. ¿Qué podrías aplicar a tu propia organización, ministerio o lugar de trabajo?

_____

_____

_____

_____

2. ¿Hay algo en el área operativa que quizás tengas que cambiar en tu organización?

_____

_____

_____

_____

_____

3. ¿Hay algo que deberías cambiar en ti?

_____

_____

_____

_____

_____

CAPÍTULO

# 4

# LA LEY
## DE LA CONEXIÓN

LOS LÍDERES DEBEN LLEGAR AL CORAZÓN,
ANTES DE PEDIR UNA MANO.[1]

—JOHN MAXWELL

Josafat nos ilustra al líder que entiende claramente el poder de una alianza estratégica.

Lee conmigo estos versículos bíblicos:

> Después de esto, los ejércitos de los moabitas y de los amonitas, y algunos meunitas le declararon la guerra a Josafat. Llegaron mensajeros e informaron a Josafat: «Un enorme ejército de Edom marcha contra ti desde más allá del mar Muerto; ya está en Hazezon-tamar». (Este era otro nombre para En-gadi).
>
> Josafat quedó aterrado con la noticia y le suplicó al SEÑOR que lo guiara. También ordenó a todos en Judá que ayunaran. De modo que los habitantes de todas las ciudades de Judá fueron a Jerusalén para buscar la ayuda del SEÑOR. [...]
>
> Cuando comenzaron a cantar y a dar alabanzas, el SEÑOR hizo que los ejércitos de Amón, de Moab y del monte Seir comenzaran a luchar entre sí. Los ejércitos de Moab y de Amón se volvieron contra sus aliados del monte Seir y mataron a todos y a cada uno de ellos. Después de destruir al ejército de Seir, empezaron a atacarse entre sí. De modo que cuando el ejército de Judá llegó al puesto de observación en el desierto, no vieron más que cadáveres hasta donde alcanzaba la vista. Ni un solo enemigo había escapado con vida. (2 Crónicas 20.1–4, 22–24, NTV)

J osafat se da cuenta de que los pueblos del oriente —entre ellos, los de Amón y Moab— se están uniendo para atacar al reino de Judá. Comprende con exactitud la gravedad de la situación y el gran peligro en el que se encuentra.

Por otro lado, los moabitas, los amonitas y sus aliados cometen serios errores al momento de establecer su alianza estratégica y pagan el alto precio de una derrota desastrosa sin que hayan disparado ni una sola flecha en contra del enemigo.

En nuestras empresas, iglesias y organizaciones es tiempo de cambiar la forma en que trabajamos. Y, aun cuando establezcamos acuerdos con otros para trabajar juntos, debemos hacerlo de una manera que nos lleve al cumplimiento de los objetivos que teníamos por delante. La mayoría de las alianzas no funcionan simplemente porque las estamos diseñando de forma inapropiada.

Winston Churchill dijo una vez: «Estamos cambiando al mundo a un ritmo más acelerado del que estamos cambiando nosotros mismos... y estamos aplicando los hábitos del pasado para resolver los desafíos del presente».[2] Es hora de que nos demos cuenta de que hemos llegado al siglo veintiuno y que en este siglo, si no trabajamos juntos, la competencia nos va a destrozar, sea que hablemos del mundo natural o del espiritual. Tenemos que aprender a perder para ganar,[3] morir para vivir,[4] dar para recibir,[5] servir para liderar.[6]

Se dice que Albert Einstein alguna vez dijo: «No podemos resolver los problemas que tenemos por delante con el mismo tipo de paradigmas que nos llevaron a tenerlos en primera instancia».[7] A lo que una paráfrasis de Steven Covey agregaría: «Ahora debemos tener nuevos paradigmas y estar dispuestos a establecer relaciones entre los ministerios que no sean independientes, o codependientes, sino interdependientes».[8]

Cuando hablamos de trabajar juntos y realizar alianzas estratégicas, el pasaje que nuevamente viene a nuestra mente es el que ya mencionamos en el capítulo anterior:

> Es mejor ser dos que uno, porque ambos pueden ayudarse mutuamente a lograr el éxito. Si uno cae, el otro puede darle la mano y ayudarle; pero el que cae y está solo, ese sí que está en problemas. Del mismo modo, si dos personas se recuestan juntas, pueden brindarse calor mutuamente; pero ¿cómo hace uno solo para entrar en calor? Alguien que está solo puede ser atacado y vencido, pero si son dos, se ponen de espalda con espalda y vencen; mejor todavía si son tres, porque una cuerda triple no se corta fácilmente. (Eclesiastés 4.9–12, NTV)

Si trabajáramos juntos con más regularidad, según estos versículos, hay cuatro resultados con los que podemos contar:

1. Tendríamos mejores resultados (versículo 9). La sinergia nos llevaría a hacer juntos mucho más que la suma de lo que cada uno de nosotros podríamos hacer.
2. No tendríamos tantos fracasos en el liderazgo (versículo 10). La razón por la que creo que tenemos tantos líderes empresariales y ministeriales autodestruyéndose es porque están demasiado solos.
3. Recibiríamos más ánimo para realizar la tarea (versículo 11). La mejor manera de mantener un fuego ardiendo es mantener los trozos de leña juntos.
4. Construiríamos un reino más fuerte (versículo 12). Hay un lema que dice: «Unidos seremos fuertes. Separados o

LA **LEY** DE LA **CONEXIÓN**

solos seremos débiles». Esa es una gran verdad. La
Palabra de Dios afirma en Marcos 3.24 que Jesús dijo:
«Si un reino está dividido contra sí mismo, tal reino no
puede permanecer» (RVR1960); y en Mateo 12.25 Jesús
repite la misma idea nuevamente: «Todo reino dividido
contra sí mismo, es asolado, y toda ciudad o casa dividi-
da contra sí misma, no permanecerá» (RVR1960).

Establecer una alianza apropiada requiere *conectar* antes de *cosechar*;
requiere del *ser* antes que del *hacer*. Antes de comenzar a trabajar juntos,
cada parte debe tener la actitud apropiada y debe estar dispuesta a trabajar en diseñar adecuadamente la relación empresarial o ministerial.

Eso no es fácil. Algunas de las más grandes corporaciones del
mundo han cometido errores terribles trabajando juntas. Recordemos,
por ejemplo, las famosas peleas legales entre Apple y Samsung. Desde
el año 2007 se llevaron mutuamente a juicio unas cuarenta veces, exi-
giendo miles de millones de dólares en compensación por daños entre
colaboradores que en un momento dado se transformaron en rivales.

Hace algunos años, tuve el privilegio de llegar a conocer a James
Massa, en esa época el vicepresidente de Alianzas Gubernamentales
Globales de Cisco Systems. Cisco —que en esa época tenía un presupuesto anual de unos veinte mil millones de dólares— le permitió a
su vicepresidente trabajar gratuitamente unas veinte horas semanales
en nuestra organización sin fines de lucro con el fin de ayudarnos a
establecer alianzas estratégicas exitosas.

Conocerlo y trabajar junto a James me cambió la vida.

A continuación te presento algunas notas que tomé a través de los
años con respecto a cómo establecer alianzas estratégicas excelentes a
nivel mundial. Estas ideas me ayudaron tremendamente cuando
dirigí la división internacional de una corporación en cinco continentes y estoy seguro que te pueden ayudar a ti en tu propia organización, grande o pequeña.

# DIEZ CARACTERÍSTICAS DE UNA ALIANZA ESTRATÉGICA EXCELENTE

A través de los años aprendí que hay unas diez características o requisitos que hacen funcionar apropiadamente una alianza estratégica. Con James entendí que si se cumplen seis de los ocho requisitos, la alianza tiene ochenta por ciento de probabilidad de éxito. Si, por otro lado, alguno de los primeros seis elementos no se cumplen, la probabilidad disminuye en veinticinco por ciento por cada elemento que no se cumple o no se entiende apropiadamente.

Aquí hay un gráfico que te puede ayudar a entender mejor el concepto:

Requisitos para una excelente alianza estratégica:

| 1 | 2 | 3 | 4 | 5 | 6 | 7 | 8 | 9 | 10 |
|---|---|---|---|---|---|---|---|---|----|

De esos diez, los primeros seis son críticos. Son extremadamente importantes.

| 1 | 2 | 3 | 4 | 5 | 6 | 7 | 8 | 9 | 10 |
|---|---|---|---|---|---|---|---|---|----|

Si alguno de esos primeros seis no se cumple, por cada uno que no se cumpla, la probabilidad de éxito disminuye hasta en veinticinco por ciento. Eso quiere decir que si cuatro de los primeros seis requisitos no se cumplen, es altamente improbable que la alianza tenga éxito.

| 1 ⊗ | 2 | 3 ⊗ | 4 ⊗ | 5 | 6 | 7 | 8 | 9 | 10 |
|---|---|---|---|---|---|---|---|---|----|

Ejemplo de éxito altamente improbable (veinticinco por ciento de posibilidad de éxito) para una determinada alianza estratégica

Es importante aclarar que este gráfico no representa un cálculo científico. Es una manera de expresar la experiencia que hemos tenido en el campo de trabajo a través de los años.

Existen, entonces, diez requisitos o elementos que deben estar presentes para que una alianza estratégica no siga el camino de Amón y de Moab. A saber:

1. La alianza será exitosa si tiene un auspiciante ejecutivo.
2. La alianza será exitosa si tiene un facilitador.
3. La alianza será exitosa si las empresas tienen una visión y misión compatibles.
4. La alianza será exitosa si hay compatibilidad en su cultura.
5. La alianza será exitosa si hay compatibilidad en sus prioridades a corto plazo.
6. La alianza será exitosa si hay compatibilidad en las prioridades a largo plazo.
7. La alianza será exitosa si tiene asignado un presupuesto.
8. La alianza será exitosa si tiene objetivos claros y medibles.
9. La alianza será exitosa si se desarrolla en un contexto de confianza mutua.
10. La alianza será exitosa si se persiste a través del tiempo.

Ahora, expliquémoslos uno por uno.

## 1. La alianza será exitosa si tiene un auspiciante ejecutivo

Para que una alianza estratégica pueda ser exitosa debe haber alguien en el tope de cada una de las organizaciones involucradas que haya asumido el compromiso personal de asegurarse de que esa alianza se lleve a cabo y sea exitosa, especialmente en nuestra cultura.

Muchos de nosotros hemos crecido en países con gobiernos autoritarios y hemos llevado ese modelo de liderazgo vertical a nuestras organizaciones y empresas. Si en Estados Unidos o en Europa es importantísimo tener un auspiciante ejecutivo de la alianza, más lo es en nuestras culturas, en medio de este clima de liderazgo vertical que tenemos.

Lo que muchas veces he notado es que la alianza comienza a gestarse en algún rincón de la organización porque existen dos personas que se conocen y confían la una en la otra. Ese puede ser un muy buen lugar donde probar conceptos. Pero si una vez comprobado que el modelo funcionará, las dos empresas no involucran a un auspiciante ejecutivo (o ejecutiva), cuando llegue el momento de tomar decisiones importantes regresarán al comienzo y perderán tiempo, esfuerzo y dinero, sin contar las promesas y planes que hayan intercambiado o soñado para el porvenir.

Una vez determinado quién será el auspiciante ejecutivo, las dos organizaciones deben colocar metas claras y establecer fechas específicas durante el año para presentar reportes regulares. Las metas enfocarán al equipo de trabajo, y los reportes les pondrán momentos en el año cuando, frente al auspiciante ejecutivo, tendrán que mostrar avances en los resultados de la relación.

## 2. La alianza será exitosa si tiene un facilitador

Alguien debe ser el responsable principal de que la alianza funcione. Alguien tiene que colocar su trabajo en la línea y poner las «manos en la masa». Alguien, en cada organización, debe asegurarse de que los procesos se creen, los sistemas se coloquen en su lugar y la gente haga lo que se supone que debe hacer.

A veces, el trabajo es complejo, a veces no lo es. En el caso de nuestra alianza informal con Thomas Nelson y HarperCollins, por ejemplo, existe alguien en nuestra organización que se encarga de hacer siempre todas las compras de libros y de resolver todos los desafíos que surgen de la relación y el trabajo conjunto. Ellos, por su parte, tienen a una persona que se encarga de cuidar de nuestra cuenta y que es nuestra «voz» dentro de la compañía cuando necesitamos comunicarnos.

Ambos tenemos «auspiciantes ejecutivos». Pero también hemos colocado «facilitadores» que nos permiten estar seguros de que alguien cuida y sustenta la relación. Ha sido una maravillosa experiencia desde que comenzamos a trabajar juntos alrededor del año 2000.

## 3. La alianza será exitosa si las empresas tienen una visión y misión compatibles

Si las organizaciones no van en la misma dirección general y sus trabajos no son compatibles, se anularán mutuamente en la medida en que realizan la tarea. Comenzarán a competir en vez de complementarse.

Por ejemplo, si una empresa en Londres fabrica y distribuye botellas para la comercialización de agua, puede crear una división de su empresa que tome ciento por ciento de las ganancias producidas por la venta de botellas de agua y las done a una organización que construye pozos de agua en África.

El aspecto social del proyecto mejorará la imagen de la empresa, incrementará sus ventas, bajará sus costos de producción y proveerá de agua limpia y fresca a gente que realmente la necesita para sobrevivir. Como las dos organizaciones (una, con fines de lucro; la otra sin fines de lucro) tienen la misma misión —proveer de agua pura a la gente—, sus trabajos son compatibles y su alianza puede resultar en un «ganar-ganar» para las dos.

## 4. La alianza será exitosa si hay compatibilidad en su cultura

Si no hay compatibilidad en el *ser*, no la habrá en el *hacer*. Los principios y valores de ambas organizaciones necesitan estar alineados para asegurar el éxito del trabajo conjunto a largo plazo.

Por ejemplo, si una de las partes valora la generosidad pero la otra busca siempre su propio beneficio, es muy probable que la relación no dure por mucho tiempo. Si el liderazgo de una está comprometido con obedecer siempre las leyes nacionales y nunca dar sobornos a nadie, pero la otra empresa u organización valora que las cosas se hagan «cueste lo que cueste», entonces tendrán problemas en medio de situaciones difíciles.

Michael Josephson, presidente y CEO del Instituto Josephson, en Los Ángeles, California, sugiere doce principios éticos que los ejecutivos de empresas deberían abrazar.[9] Compara estos valores con los tuyos:

1. **Honestidad**. Ser honestos en todas las comunicaciones y acciones.

2. **Integridad**. Mantener la integridad personal.

3. **Fidelidad**. Cumplir las promesas y los compromisos.

4. **Lealtad**. Ser leales a la organización y a las demás personas en el marco de los principios éticos.

5. **Equidad**. Luchar por ser justos y equitativos en todas las instancias.

6. **Compasión**. Demostrar un deseo genuino de preocuparse por y cuidar el bienestar de los demás. Ser benévolos y amables.

7. **Respeto**. Tratar a todos con respeto, incluso a aquellos con los que no se está de acuerdo.

8. **Obediencia**. Obedecer la ley. Acatar las leyes, las normas y los reglamentos relativos a sus actividades empresariales.

9. **Excelencia**. Buscar la excelencia todo el tiempo en todas las cosas.

10. **Liderazgo**. Ejemplificar el honor y la ética. Ser líderes-siervos.

11. **Reputación y moral.** Construir y proteger la buena reputación de la empresa y la moral de los empleados.

12. **Responsabilidad.** Ser responsables. Reconocer y aceptar —frente a uno mismo, frente a los colegas, la empresa y la comunidad— la responsabilidad personal por la calidad ética de las decisiones tomadas y por las omisiones que se hubiesen hecho.

Descubre tus valores personales y empresariales, para que de esa manera sea más fácil predecir el éxito o no de una alianza estratégica que se te presente.

## 5. La alianza será exitosa si hay compatibilidad en sus prioridades a corto plazo

Piensa: ¿qué es lo que queremos lograr en los próximos doce meses? Si las metas establecidas por tu empresa o tus socios no son compatibles, eso creará fricciones en la relación.

Si tu empresa tiene como meta vender una cierta cantidad de unidades de un producto que acabas de lanzar al mercado, y tus socios potenciales tienen como meta expandir la cantidad de oficinas que tienen en el país —o abrir nuevas oficinas en el exterior— puede que este no sea el año en el que deberían establecer su alianza estratégica.

Es importante que, con honestidad, conversen sobre sus metas para los próximos doce a dieciocho meses, comparen notas y tomen decisiones respetando las metas a corto plazo que cada uno ha establecido.

## 6. La alianza será exitosa si hay compatibilidad en las prioridades de largo plazo

También es muy importante tener compatibilidad de metas a largo plazo. Contesta la pregunta: ¿qué es lo que queremos lograr en los próximos tres a cinco años, individualmente y juntos? ¿Cuáles son los sueños y las metas de la empresa para el resto de nuestras vidas?

Recuerdo cuando llegué a conocer a Gerardo y Alberto, dos hermanos en Argentina (no son sus verdaderos nombres, pero la historia es real). Gerardo es contador; su hermano, Alberto, es abogado. Ellos tuvieron un gran impacto en el trabajo que realizamos alfabetizando financieramente a mi país. Rochelle y yo los queremos con todo el corazón. Siempre nos reíamos cuando yo decía que Gerardo era quien me «arreglaba» los libros y Alberto ¡el que me sacaba de la cárcel!

En una de mis primeras visitas al país, me acuerdo haberles preguntado por su negocio (tenían una oficina en la que ofrecían bastante exitosamente sus servicios de contaduría y abogacía). Cuando me dijeron que el negocio andaba muy bien, les pregunté si iban a abrir otras oficinas y expandirse. Para mi sorpresa, me contestaron que no.

«¿Cómo? ¿Que no quieren crecer?», les pregunté algo sorprendido. «¿No quieren expandirse, ganar más dinero, hacer un mayor impacto en el mundo empresarial?».

«No», me dijeron. «Lo que ocurre es que nosotros, en realidad, queremos servir a Dios la mayor cantidad de tiempo posible. Así que queremos desarrollar el negocio hasta que sea lo suficientemente grande como para darnos de comer a nosotros y a nuestras familias y, luego, dedicarnos el resto del tiempo a servir a Dios y a los demás».

Cuando me recobré del impacto, empecé a pensar: *Esta es una excelente idea*. Sin embargo, si yo quisiera hacer una alianza estratégica con Gerardo y no tomara en cuenta que él no quiere hacer crecer su negocio más allá de un determinado tamaño, puede que me frustre con el correr del tiempo.

No está mal que yo quiera hacer crecer mi negocio lo más posible. Tampoco estaría mal controlar su crecimiento para dedicarme a otras cosas que considero más importantes. El problema viene cuando no exponemos transparentemente nuestras metas a largo plazo y a los dos o tres años dentro de la alianza nos damos cuenta de que tenemos futuros incompatibles.

## 7. La alianza será exitosa si tiene asignado un presupuesto

La Palabra de Dios dice que donde está nuestro tesoro, allí también está nuestro corazón (Mateo 6.21). Nuestro corazón está en el lugar donde se encuentran las cosas importantes para nosotros. Cuando uno presupuesta, uno muestra, justamente, esas cosas que valora. Uno pone el dinero donde están sus prioridades.

Hablar es barato porque el aire es gratis. Pero cuando asignamos dinero a un proyecto, estamos diciendo que verdaderamente el proyecto nos importa y que estamos dispuestos a arriesgar tiempo, esfuerzo y dinero en el desarrollo de la relación. Si tu futuro socio estratégico no está colocando recursos en su presupuesto para la alianza, quizás es mejor que dejes el proyecto para más adelante o que lo lleves a otra empresa. La gente vota con su billetera.

## 8. La alianza será exitosa si tiene objetivos claros y medibles

Uno es lo que uno mide, y uno no puede mejorar nada que no mida regularmente. Si la alianza no tiene objetivos específicos que alcanzar en un período claramente determinado, nunca llegará a nada.

Los objetivos deberían ser SMART, por las siglas en inglés de *Specific, Measurable, Achievable, Results-oriented* y *Timebound* (específicos, medibles, alcanzables, orientados a obtener resultados y limitados en el tiempo).

En primer lugar deben ser *específicos*. Debemos decir claramente y escribir sencillamente qué es lo que queremos lograr. Si no somos específicos, la gente no sabrá con claridad cuál es nuestra visión para el proyecto.

En segundo lugar, los objetivos deben ser *medibles*. Cuando expresamos nuestras metas debemos hacerlo de una manera en la que la gente pueda saber a ciencia cierta si hemos alcanzado el objetivo o no.

En tercer lugar, los objetivos deben ser *alcanzables*. A veces colocamos objetivos tan altos y complejos que, en realidad, desaniman al equipo.

En cuarto lugar, los objetivos deben estar orientados a obtener *resultados*. Muchas veces medimos las cosas equivocadas. Debemos medir frutos, no simplemente el resultado de actividades. Por ejemplo: si bien es importante hacer visitas a los clientes, lo más importante es medir la ganancia neta que me está dejando ese esfuerzo; aún más: quizás deberíamos medir el Retorno de la Inversión que nos está dejando un determinado proyecto.

Finalmente, los objetivos deben estar *limitados* en el *tiempo*. Eso significa que debemos tener fechas límites que sean claras para todos y hacia las cuales las dos organizaciones trabajen conjuntamente.

El departamento de recursos humanos de la Universidad de Virginia propone hacerse cinco preguntas al momento de fijar metas:

1. Para ser *específicos* podemos preguntarnos: ¿qué es lo que esta meta logrará realmente? ¿Cómo y por qué la tenemos que lograr?

2. Para ser *medibles* podemos preguntarnos: ¿cómo podemos medir si hemos o no hemos alcanzado nuestra meta? (Mencionemos, por lo menos, dos indicadores claramente medibles).

3. Para convertir esta meta en *alcanzable* deberíamos preguntarnos: ¿es realmente posible alcanzarla? ¿Lo han hecho antes otras personas exitosamente? ¿Tenemos los conocimientos necesarios, las habilidades, las capacidades y los recursos para lograr el objetivo? ¿Lograr esta

meta será algo que nos desafíe sin que nos destruya en el proceso?

4. Para estar orientados hacia los *resultados* podemos preguntarnos: ¿cuál es la razón primordial, el propósito o el beneficio más importante para lograr esta meta? ¿Cuál es el *fruto* de esta meta (y no simplemente el resultado de las actividades que realizamos)?

5. Para que la meta esté limitada en el *tiempo* podemos preguntarnos: ¿cuál es la fecha límite para la finalización del proyecto? Y, ¿trae esa fecha límite un sano sentido de urgencia a nuestras vidas?[10]

En la contestación a estas preguntas, las dos organizaciones pueden encontrar la manera de establecer metas saludables que permitan asegurar el éxito de la alianza, especialmente en el primer año de vida.

Lograr *quick wins* (pequeñas victorias rápidas y decisivas) puede ayudar tremendamente a levantar el ánimo y conseguir el apoyo emocional que el proyecto necesite para continuar.

## 9. La alianza será exitosa si se desarrolla en un contexto de confianza mutua

Es esencial, como aprendimos de Francis Fukuyama en el capítulo anterior, desarrollar un alto grado de capital social entre las empresas u organizaciones que están involucradas en el proceso de establecer una alianza estratégica. La falta de confianza entre las partes puede ser un cáncer que destruya poco a poco lo que se ha construido a través del tiempo.

Por otro lado, es importante recordar que la aceptación se espera, pero la confianza se gana.

La aceptación es algo con lo que nuestros socios siempre pueden contar de parte nuestra. Uno siempre acepta a la otra persona tal como esa persona es. Sin embargo, la confianza es algo que se gana a través del tiempo: probando que cada vez que decimos que vamos a hacer algo, lo hacemos, tal como dijimos que lo íbamos a hacer.

## 10. La alianza será exitosa si se persiste a través del tiempo

Lo importante no es empezar exitosamente sino terminar exitosamente. Alianzas estratégicas como la que Estados Unidos ha desarrollado con los países europeos después de la Segunda Guerra Mundial, como la que Cisco Systems ha desarrollado con entidades gubernamentales alrededor del mundo, o la que Microsoft ha desarrollado con empresas que escriben software para su sistema operativo, son alianzas que han perdurado a través del tiempo.

Recuerdo haber estado leyendo un artículo por Je' Czaja del *Houston Chronicle* en el que se explica cómo Starbucks ha logrado hacer exitosas alianzas estratégicas a través de los años. Por ejemplo, en 1993 con la famosa cadena de librerías Barnes and Nobles con el fin de que los lectores de libros también se sentaran a tomar su café en sus instalaciones. Luego, en 1996 llegó a un acuerdo con Pepsico para la distribución de su *frappuccino*.

Con la United Airlines, Starbucks logró que la empresa accediera a que todos sus vasos de café llevaran su logotipo y con la Kraft Foods desarrolló una alianza para la distribución de su café en una gran cantidad de supermercados de Estados Unidos.[11]

UPS ya no solo lleva paquetes de un lado a otro del mundo. Ahora también arregla computadoras. UPS desarrolló una empresa llamada Supply Chain Solutions que les permite a empresas constructoras de computadoras ofrecer un servicio de reparación mucho más rápido. Gracias a estas alianzas estratégicas que UPS está realizando, ahora, por ejemplo, nuestras computadoras portátiles en Estados Unidos ya no tienen que volver hasta su lugar de origen para ser reparadas, sino que las reparan ingenieros de UPS a mitad de camino en Louisville, Kentucky.

Las mejores y más grandes empresas del mundo saben cómo identificar asociados y trabajar juntas para lograr objetivos comunes. A veces hasta involucrando empresas con las que compiten en otras áreas. Es hora de que tú pienses también en cambiar paradigmas. Estamos en el siglo veintiuno.

> La gloria de la amistad no se encuentra en la mano extendida, ni en la sonrisa afable, ni en el gozo de la compañía [...] se encuentra en la inspiración espiritual que uno recibe al descubrir que alguien cree en ti y está dispuesto a depositar en ti su confianza.
>
> Ralph Waldo Emerson[12]

## ESTA LEY EN LAS ESCRITURAS...

Nunca se apartará de tu boca este libro de la ley, sino que de día y de noche meditarás en él, para que guardes y hagas conforme a todo lo que en él está escrito; porque entonces harás prosperar tu camino, y todo te saldrá bien. (Josué 1.8, RVR1960)

## EVALUACIÓN PERSONAL

1. ¿Puedo hacer una lista de las organizaciones con las que estoy trabajando sobre la base de la sinergia en la actualidad?

_____

_____

_____

_____

_____

2. ¿Cómo evaluaría cada una de esas alianzas estratégicas?

_____

_____

_____

_____

_____

_____

3. ¿Tengo los acuerdos en papel?

_____

_____

_____

_____

_____

_____

4.  ¿Conozco algún ejemplo de un fracaso similar al de los amonitas y moabitas en el que los aliados se autodestruyeron?

    _____
    _____
    _____
    _____
    _____

5.  ¿Cuáles son las alianzas que debo perseguir, cuáles debo cultivar y cuáles debo abandonar?

    _____
    _____
    _____
    _____
    _____
    _____

6.  ¿De qué manera las diez recomendaciones de James Massa y el doctor Panasiuk me podrían ayudar a implementar la Ley de la conexión en la creación de mejores alianzas?

    _____
    _____
    _____
    _____
    _____

7.  ¿Qué estructuras debería cambiar en la empresa/organización para evitar los problemas que tuvieron los amonitas y los moabitas?

    _____
    _____

_____

_____

_____

## ESTUDIO DE CASO[13]

*El propietario cristiano de una compañía que crecía rápidamente fue abordado por otra corporación que le ofrecía comprar o realizar una alianza estratégica con su compañía. La compañía que hacía la oferta era grande, prestigiosa, exitosa y tenía muchísima influencia en el nicho de mercado en la cual la empresa de este cristiano ofrecía sus servicios.*

*El propietario identificó inmediatamente las ventajas de la venta/ alianza: los recursos financieros y reputación de la compañía que hacía la oferta iban a proveer una penetración al mercado mucho más profunda y más rápida, dando a la compañía cristiana más visibilidad y la posibilidad de obtener mayores ganancias. Además, podrían emplear a más personas, los socios principales podrían pagar sus deudas personales y habría más recursos disponibles.*

*El lado negativo era que sea se vendiera o llegaran a una alianza estratégica, la corporación más grande pedía el control de las decisiones más importantes en el manejo de la pequeña. Eso, dejaba de garantizar el enfoque cristiano que había tenido el manejo de la empresa, la aplicación cuidadosa y sistemática de los principios de la Biblia en el manejo del negocio y el enfoque generoso hacia el Reino de Dios.*

## Análisis

1.  Define el problema real y de raíz que tiene este propietario en sus manos:

_____

_____

_____

_____

_____

_____

2. Identifica las partes (personas, individuos, entidades) involucradas en el problema:

_____

_____

_____

_____

_____

3. Describe las circunstancias especiales que presenta este estudio de caso y las consecuencias potenciales de cada posible decisión:

_____

_____

_____

_____

_____

## Perspectiva bíblica

Reconociendo que cada gerente cristiano es un «representante de Dios» en su lugar de trabajo y cada empresa es una plataforma para el ministerio, piensa:

1. ¿Qué acción debería tomarse frente a esta situación?

_____

_____

_____
_____
_____

2. ¿Cómo podría honrarse a Dios en la medida en la que uno toma esa decisión?

_____
_____
_____
_____
_____
_____

## Aplicación práctica

A la luz de este estudio de caso:

1. ¿Qué podrías aplicar a tu propia organización, ministerio o lugar de trabajo?

_____
_____
_____
_____
_____

2. ¿Hay algo en el área operativa que quizás tengas que cambiar en tu organización?

_____
_____
_____
_____

_____

_____

3.  ¿Hay algo que debería cambiar en ti?

_____

_____

_____

_____

_____

_____

CAPÍTULO

**5**

# LA
# LEY
# DE LAS PRIORIDADES

LA ACTIVIDAD NO APORTA NECESARIAMENTE
UN LOGRO.[1]

**—JOHN MAXWELL**

Tener muchas actividades no necesariamente significa que nos estemos moviendo.

Veamos juntos este famoso pasaje del Antiguo Testamento:

Cierto día, la viuda de un miembro del grupo de profetas fue a ver a Eliseo y clamó:

—Mi esposo, quien te servía, ha muerto, y tú sabes cuánto él temía al Señor; pero ahora ha venido un acreedor y me amenaza con llevarse a mis dos hijos como esclavos.

—¿Cómo puedo ayudarte? —preguntó Eliseo—. Dime, ¿qué tienes en tu casa?

—No tengo nada, solo un frasco de aceite de oliva —contestó ella.

Entonces Eliseo le dijo:

—Pídeles a tus amigos y vecinos que te presten todas las jarras vacías que puedan. Luego ve a tu casa con tus hijos y cierra la puerta. Vierte en las jarras el aceite de oliva que tienes en tu frasco y cuando se llenen ponlas a un lado.

Entonces ella hizo lo que se le indicó. Sus hijos le traían las jarras y ella las llenaba una tras otra. ¡Pronto todas las jarras estaban llenas hasta el borde!

—Tráeme otra jarra —le dijo a uno de sus hijos.

—¡Ya no hay más! —le respondió.

Al instante, el aceite de oliva dejó de fluir.

Cuando ella le contó al hombre de Dios lo que había sucedido, él le dijo: «Ahora vende el aceite de oliva y paga tus deudas; tú y tus hijos pueden vivir de lo que sobre».

(2 Reyes 4.1–7, NTV)

## Un asunto de prioridades

Según Maxwell, cuando estamos ocupados en muchas actividades, a veces tenemos la sensación de que realmente estamos avanzando y yendo hacia adelante. Confundimos los resultados de nuestras actividades (asistencia de gente a los servicios, cantidad de jóvenes en las reuniones juveniles, cantidad de personas en nuestros grupos pequeños, cantidad de grupos celulares formados) con los frutos que deberíamos realmente buscar: vidas trasformadas, cambios en el comportamiento, madurez personal y espiritual. Esto es verdad tanto en los ministerios como en los negocios.

Además, cuando llegan los problemas, mucha gente se dedica a apagar fuegos y a poner parches en lugar de enfocarse en resolver la raíz del problema.

La viuda de la que habla este pasaje se acerca a Eliseo porque cree que el problema más importante que tiene es la deuda con sus acreedores. Viene buscando una salida rápida a su situación. Viene buscando una solución «para hoy». Busca dinero.

Sin embargo, Dios ve más allá de su desesperación y entiende que el problema de fondo es su sustento. Ella no necesita estar enfocada en pedir dinero. Ella necesita enfocarse en encontrar un «motor económico» para su sustento familiar.

Priorizar —es decir, saber qué es lo importante frente a una determinada situación— es un asunto de vida o muerte en el tema del liderazgo. Especialmente cuando hablamos de tomar decisiones económicas importantes. Resolver en el mundo de lo urgente en vez de descubrir los problemas de raíz y solucionar lo importante es la píldora de cianuro que te llevará a la tumba organizacional.

Escuché hace muchos años atrás a Dr. Tony Evans, de la organización Alternativa Urbana en Dallas, Texas, contar una historia que me gusta repetir cuando quiero ilustrar este punto. Como no recuerdo las palabras exactas, la voy a contar «a mi manera» y a nuestro estilo:

Tengo un amigo en Estados Unidos que hace unos años se compró una casa nueva. Carlos, que así se llama, después de vivir en la casa por unos seis meses, comenzó a notar que una de las paredes tenía una rajadura. Tomó la guía de teléfonos, buscó por un carpintero (hay que recordar que en Estados Unidos la gran mayoría de las casas están hechas de madera y yeso), y lo contrató para que arreglara la rajadura que tenía la pared.

Después de un arduo día de trabajo, el carpintero terminó su labor y le pasó a Carlos una cuenta tan grande que mi amigo pensó que si se hubiera quedado un día más ¡le hubiera tenido que entregar su primogénito!

Pasaron las semanas y unos tres meses más tarde, Carlos se levantó una mañana para encontrar no solamente que todavía tenía la rajadura original en la misma pared que acababa de arreglar, sino que ahora tenía a toda la «familia Rajadura» en su pared: Papá Rajadura, Mamá Rajadura y como ¡siete u ocho rajaduritas en diferentes lugares!

Nuevamente llamó al carpintero que le había hecho el arreglo anterior para que viniera a colocar nuevamente el yeso a la pared con problemas. Dos días más tarde, la pared quedó como nueva (esta vez solo le costó a Carlos un par de vasos de jugo de naranja y algunos emparedados que le ofreció al trabajador mientras reparaba el mal trabajo realizado la primera vez).

Los días pasaron, se hicieron semanas y una buena mañana Susana, la esposa de Carlos, se levanta para desayunar y se encuentra, de pronto, con un ejército de rajaduras en la misma pared infame. Allí estaba, frente a ella, ¡toda la infantería, caballería y artillería del País de las Rajaduras!

Mi buen amigo, sintiéndose defraudado económicamente, decidió llamar a un carpintero diferente. Cuando el nuevo carpintero llegó, observó las rajaduras, miró la pared, bajó al sótano, subió al techo y le dijo a mi amigo algo que nunca hubiese esperado:

«Yo no le puedo ayudar, señor».

«¿Quééé? ¿Cómo que no me puede ayudar? ¿No es usted un carpintero? ¿No arregla paredes de yeso?».

«Sí, soy carpintero y arreglo paredes de yeso», le dijo el hombre mirándole a los ojos. «Pero usted no necesita un carpintero. Su problema no son las rajaduras. Usted tiene un problema en la fundación de su casa. Las columnas del fundamento se están moviendo y hasta que no repare el fundamento móvil de la edificación, siempre va a tener rajaduras en esa pared. Usted no necesita un carpintero. Necesita un ingeniero y un albañil».[2]

El intercambio no solo le proporcionó a Carlos una importante lección sobre cómo resolver problemas de construcción, sino que me ha provisto a mí a través de los años de una buena ilustración sobre cómo priorizar en la resolución de problemas económicos.

La mayoría de los líderes tenemos la tendencia a enfocarnos en las rajaduras que tiene la vida financiera de nuestras organizaciones. Creemos que esos son los problemas que debemos resolver.

Para eso, entonces, consultamos con algún asesor financiero, algún banco, o leemos algún libro sobre cuáles son las cosas que debemos hacer para salir del problema. Sin embargo, en la gran mayoría de los casos, los problemas financieros son solamente la consecuencia de otros problemas más profundos en la vida empresarial. Son el resultado de haber violado los Principios con «P» mayúscula, los principios eternos, colocados en el mundo por nuestro Creador desde la fundación del universo.

A menos que entendamos con claridad qué es lo que realmente está ocurriendo en nuestra empresa, iglesia u organización, nuestra pared financiera continuará mostrando rajaduras. No importa las veces que creamos haber solucionado el problema con un parche por aquí y otro por allá. Debemos entender en qué, realmente, deberíamos estar trabajando y no dejarnos distraer por los síntomas superficiales que producen nuestros problemas de fondo.

## UNA GRAN LECCIÓN PARA CADA LÍDER

Finalmente, a pesar de que la mayoría de los estudios y sermones basados en este pasaje se enfocan en la viuda —hay quienes lo llaman «la viuda y el aceite»— en realidad, esta historia nos habla a gritos del éxito espiritual logrado por un líder nacional en Israel y su gran fracaso económico como líder familiar.

Esta mujer no era «María, la de la vuelta de tu casa». Era la esposa de una persona reconocida en la tierra de Israel. El hombre con el que ella había estado casada, había sido miembro del Equipo de Profetas del famosísimo Eliseo. Si él viviera el día de hoy y te contaran que murió, seguramente sabrías de quién están hablando e, incluso, lo seguirías en las redes sociales o citarías sus ideas. Era un hombre prominente en la vida espiritual de la gente de su tiempo, como tú y yo.

Amaba profundamente a Dios, era fiel a su llamado, era conocido en el pueblo de Israel y era un excelente miembro del equipo de Eliseo. Sin embargo, su vida económica personal se estaba derrumbando a pedazos. Vaya uno a saber si las preocupaciones financieras no fueron las que terminaron con su vida.

Aquí tenemos una importante lección sobre gerencia personal útil para cada uno de nosotros. Aprendamos a cuidar no solamente de la población a la que influenciamos o del llamado que recibimos, sino también debemos aprender a cuidarnos a nosotros mismos y a nuestras familias... antes de que sea demasiado tarde.

El apóstol Pablo nos dice en 1 Corintios 4.2: «Ahora bien, se requiere de los administradores, que cada uno sea hallado fiel» (RVR1960); y en 1 Timoteo 5.8 le dice a su discípulo tan querido: «porque si alguno no provee para los suyos, y mayormente para los de su casa, ha negado la fe, y es peor que un incrédulo» (RVR1960). Son palabras en las que debemos meditar.

Cuando las cosas marchan bien en la empresa y hay abundancia de dinero, es relativamente fácil marcar el rumbo que se debe seguir. Sin embargo, cuando las cosas se ponen difíciles, cuando nos encontramos en medio de la tormenta, cuando la noche ha caído sobre nosotros y no vemos el horizonte, ese es el momento en el que tú y yo debemos brillar como líderes. Ese no es el momento de pensar cuál es el rumbo que debemos tomar. En ese momento tú debes saber qué hacer. El resto de tu equipo cuenta con tu liderazgo.

¿Cómo salimos, entonces, de un gran problema económico?

Aquí hay algunas ideas que te ayudarán a crear criterio bíblico al momento de tomar decisiones económicas en tiempos difíciles, a entender dónde está el «Norte».

La primera viene del primer versículo en 2 Reyes 4:

Cierto día, la viuda de un miembro del grupo de profetas fue a ver a Eliseo y clamó:

—Mi esposo, quien te servía, ha muerto, y tú sabes cuánto él temía al SEÑOR; pero ahora ha venido un acreedor

y me amenaza con llevarse a mis dos hijos como esclavos.
(2 Reyes 4.1, NTV)

## 1. Cuando vienen los problemas económicos, la primera prioridad es reconocer que los tenemos

La verdad es tu mejor amiga y no tiene temor de que la encuentres. Puede que sea linda, puede que sea fea, gorda o flaca, grande o pequeña... pero tú nunca tienes que tener temor de hacer preguntas difíciles y descubrirla. Uno de los grandes desafíos del líder es funcionar en la realidad.

La mujer en esta historia es la única que pareciera tener «los pantalones bien puestos». Es la única que reconoce humildemente la situación en que está y corre hacia Dios a buscar una solución. Su esposo... ¡vaya uno a saber en qué estaba pensando todos estos años!

Los líderes vivimos en la visión. El problema de vivir en la visión es que, a veces, creemos que la visión es la realidad. Entonces, comenzamos a resolver problemas que no existen y a crear otros que antes no teníamos. Debemos vivir en la visión con los pies bien plantados sobre la tierra, lo cual implica que siempre debemos reconocer la cruda realidad en la que nos encontramos.

Proverbios dice en el capítulo 22, versículo 3: «El avisado ve el mal y se esconde; mas los simples pasan y reciben el daño» (RVR1960).

¿Qué significa eso de «avisado»? Cuando yo leí eso por primera vez, pensé que tenía que ver con alguien a quien le avisaban algo que iba a pasar, a quien le enviaban un aviso, un telegrama o un mensaje de texto... Sin embargo, «avisado» significa *sagaz, astuto, inteligente, prudente... ¡lúcido!*

Podríamos decir, entonces, que el líder lúcido (sagaz, inteligente) ve claramente los problemas que vienen por delante y toma las medidas necesarias para evitarlos. El tonto (el *menso*, dirían los mexicanos) no presta atención a la realidad, continúa en su camino y luego sufre las consecuencias de su obstinada ceguera.

La ceguera obstinada no es extraña en el liderazgo. El perfil de personalidad de los líderes tiene una importante tendencia dominante (o decisiva).[3] Esa tendencia lleva al líder a estar muy seguro de sí mismo, a enfocarse en el futuro y a no prestar atención a los detalles, «destilando» la información para tomar solamente los elementos que estén de acuerdo con la percepción que ellos mismos tienen del mundo a su alrededor. *No hay peor ciego que el que no quiere ver*, ¿verdad?

Lo peor es que la concepción que tenemos del liderazgo en Latinoamérica nos lleva a sufrir el «síndrome del mesías», según el cual pensamos que nuestro líder siempre dice lo correcto y siempre toma las decisiones apropiadas porque es el *caudillo-mesías* que nunca se equivoca.

Al mismo tiempo, pensamos que si nos oponemos a nuestro líder es un acto de traición. Por supuesto que lo sería si nuestro corazón fuera traicionero. Pero si lo que queremos es lo mejor para nuestro líder, entonces, compartiremos con él o ella nuestra visión de la realidad con amor. Nosotros, los líderes, por nuestro lado, debemos rechazar toda esa inseguridad necia que tenemos en lo profundo del alma y aprender a darle la bienvenida a la disensión en el equipo.

Debemos escuchar atentamente y abrir nuestra mente para poder ver la realidad desde otros puntos de vista. Solo entonces podremos confrontar los hechos tal como son y podremos tomar decisiones sabias que solucionen los problemas reales que tenemos frente a nosotros.

Obviamente, este líder del pueblo de Israel no fue ni sagaz ni responsable.

A continuación, te doy una lista de importantes verdades que debemos tener en cuenta al momento de pasar por dificultades económicas. También escribo algunos principios bíblicos que el líder de nuestra historia violó en su vida financiera:

- Se puede amar a Dios y estar profundamente comprometido con Él y, aun así, estar fuera de su voluntad en el área de las finanzas. Se puede estar dedicado a servir a Cristo y, aun así, estar viviendo bajo la esclavitud de las deudas y el dinero (me pasó a mí y le pasa a un gran número de líderes en el continente).

- Uno puede ser un buen diezmador y un terrible administrador (es importante entender que Dios no solamente quiere que administremos fielmente el diez por ciento de nuestros ingresos, sino el ciento por ciento de ellos).

- A pesar de ser líderes, debemos darnos permiso para pedir ayuda. Si este miembro del equipo de Eliseo hubiese venido mucho antes a hablar con el profeta sobre sus dificultades, probablemente su esposa no hubiese quedado en esa terrible situación financiera y él, probablemente, todavía estaría vivo.

- Debemos pedir ayuda *al comienzo* de nuestros problemas y no permitir que crezcan. El primer mes que no llegamos a fin de mes, el primer mes en el que estamos pagando con la tarjeta de crédito o pidiendo fiado para cubrir los gastos básicos de la familia —la luz, la renta, la hipoteca, la ropa, la comida—, ese es el momento de pedir ayuda. Ese es el momento de decirnos a nosotros mismos: «Un momentito: no se supone que yo no tenga suficiente dinero para sobrevivir... Dios es mi Proveedor y yo *tengo* que tener suficiente para todo lo que necesito. Necesito ayuda. Algo tiene que cambiar en mi vida».

- Uno debe aprender a confiar en la provisión de Dios, y no en la provisión propia. Lamentablemente, el líder de nuestra historia en el momento de necesidad, en vez de esperar en el «tiempo perfecto de Dios» (el *kairós*), y en vez de esperar en *Jehová-Jiré* para su provisión, decidió proveerse a sí mismo con su propia capacidad de crédito.

- El líder debe siempre buscar ser esclavo de Cristo y no de los acreedores.
- El líder debe asegurarse de que, cuando parte de este mundo, deja todos sus asuntos económicos arreglados: todas las deudas pagas, todos los compromisos cumplidos, todos los gastos de su entierro cubiertos.

Eso significa, por un lado, que deberemos tener ahorros suficientes para cubrir esos gastos y, en algunos casos apropiados (especialmente para los que vivimos en Europa, Norteamérica o Puerto Rico), deberíamos tener un seguro de vida que deje todos esos asuntos resueltos y algo de dinero para la familia. Para más información sobre este tema, visita nuestro sitio web: www.culturafinanciera.org.

## 2. Cuando vienen los problemas económicos, la segunda prioridad es concentrarnos en nuestras fortalezas

«—¿Cómo puedo ayudarte? —preguntó Eliseo—. Dime, ¿qué tienes en tu casa?» (v. 2).

Cuando vamos a salir de los problemas económicos, debemos empezar por mirar qué tenemos en casa. Debemos mirar hacia adentro, hacia nuestras fortalezas, hacia lo que Dios ya ha colocado en nuestras manos y podemos usar inmediatamente. Eliseo ayuda a la viuda a dejar de mirar hacia afuera en busca de ayuda y la enfoca en mirar hacia adentro, en ayudarse a sí misma (con la ayuda de Dios).

Cuando vivíamos en Chicago y estábamos en tantas deudas a comienzos de los años noventa, comencé a hablar con Dios y a preguntarle qué podía hacer. Le decía: «¿Qué tengo en mis manos? ¿Qué es lo que puedo hacer?». Hasta que un día, de pronto me di cuenta de que estaba hablando con Dios en español ¡en un país de habla inglesa! Podía traducir. También estaba trabajando en una emisora de radio cristiana. Podía producir programas.

Siempre voy a dar gracias a Dios por haber traído a mi vida a Gersón García, uno de los mejores productores de radio que conozco, con quien soñamos una pequeña empresa productora que me ayudó, eventualmente, a salir de todos mis problemas económicos.

Cada uno de nosotros tenemos algo que Dios ha colocado en nuestras manos. Tenemos algo en casa que podemos usar para salir de las dificultades.

Siempre me llamó la atención que cuando Eliseo le preguntó a la viuda qué tenía en su casa, su primer impulso fue contestarle: «Nada». Pero eso no era verdad. Ella tenía mucho. Simplemente no se daba cuenta. Los años y las horas de mentoreo financiero me han enseñado que, muchas veces, cuando estamos bajo presión, hay serias dificultades para reconocer las oportunidades que tenemos en las manos.

La viuda tenía muchas cosas con las que podía contar. Por ejemplo:

- *Tenía a Dios.* ¡Y Dios más uno siempre es mayoría! Dios no es el último recurso luego que todo lo demás ha fallado. Dios es nuestro recurso principal para encontrar la salida que necesitamos.
- *Tenía un buen nombre.* Como lo dijimos antes, esta viuda estaba casada con un hombre de Dios, un líder espiritual del pueblo de Israel, que tenía un muy buen testimonio entre la gente del pueblo y el liderazgo. La viuda le dice a Eliseo: «Tu sabes cuánto él temía al Señor...» (v. 1). El libro de Proverbios dice: «De más estima es el buen nombre que las muchas riquezas, y la buena fama más que la plata y el oro» (Proverbios 22.1, RVR1960).
- *Tenía una red de contención.* La razón principal por la que Dios nos colocó en un «cuerpo» cuando creó la Iglesia es porque todos nosotros necesitamos una red de contención. Cuando llegan los momentos difíciles, todos necesitamos de alguien. Ella tenía a sus amigas del pueblo. Ellas le

compartieron sus vasijas. La ayudaron sin pensarlo dos veces. Deja de sufrir en algún rincón oscuro del Cuerpo de Cristo y pide ayuda. Dios no te creó para que confrontaras las situaciones difíciles a solas. Usa tu red de contención.

- *Tenía familia.* Sus hijos la ayudaron. Es importante notar que Dios nos ha colocado dentro de su familia, pero no nos ha sacado de la nuestra. Cuando el apóstol Pablo da instrucciones sobre el cuidado de las viudas en el Nuevo Testamento a Timoteo, le dice: «Atiende a toda viuda que no tenga a nadie quien la cuide. Pero, si ella tiene hijos o nietos, la primera responsabilidad de ellos es poner en práctica la sumisión a Dios en su hogar y retribuir a sus padres al cuidarlos. Esto es algo que le agrada a Dios» (1 Timoteo 5.3–4, NTV). Cuenta con tu familia e involúcralos en la solución.

- *Tenía algo de aceite.* Dios usó algo que ella ya tenía. Quizás ella no le daba demasiada importancia porque le contesta a Eliseo diciendo que ella «solo» tiene un frasco de aceite. Sin embargo, le he escuchado decir a mi mentor y amigo el doctor Dick Wynn (expresidente de Juventud para Cristo y exvicepresidente internacional de John Maxwell) que Dios puede usar lo que Él quiera para cambiar las circunstancias.

Una vez usó un gran viento, en otra ocasión usó apenas un silbido. Una vez usó a un gran ejército, en otra oportunidad a un joven pastor de ovejas. Una vez usó el poder de los océanos, en otra solo usó un vaso de agua dado en el nombre de Jesucristo. Una vez usó un gran pez y, en otra, usó cinco pescados pequeños con algunos panecillos...

Dios puede usar cualquier cosa que nosotros hagamos *disponible* a Él para cumplir con su voluntad. No es nuestra habilidad lo que cuenta para el Creador del universo, sino nuestra disponibilidad para con Él. A Dios no le interesa nuestra *habilidad*, sino nuestra *disponibilidad*. Lo que importa con el Señor no son nuestras habilidades personales para la planificación ni las matemáticas. Lo que importa es lo que ponemos a su *disposición*. Eso es lo determinante.

Piensa, entonces: «¿Qué tenemos en nuestra casa empresarial u organizacional? ¿Cuáles son nuestras fortalezas (puedes hacer un análisis FODA: fortalezas, oportunidades, debilidades y amenazas) y cómo podemos usar esas fortalezas o ventajas competitivas a nuestro favor?». «¿Qué es lo que Dios *ya* nos ha dado y que podemos usar: habilidades, conocimientos, medios, contactos?».

Piensa: ¿sabes coser? ¿Sabes cocinar? ¿Coleccionas estampillas? ¿Te gustan las flores?

Hablando de flores, me gustaría compartir contigo la historia verídica de una amiga a la que llamaré Rosa. Una preciosa mujer de Dios que ha desarrollado un negocio muy próspero en la industria de la floristería en Estados Unidos. Aquí va su historia tal como se cuenta en el libro *La mujer que prospera*:

Rosa es una madre de dos niñas y un niño, y una de sus niñas tiene problema de discapacidad intelectual. Rosa tenía en su corazón el deseo de ayudar a su esposo en las finanzas de la familia ya que estas no andaban muy bien. Una tarde, escuchando un programa de radio y desesperada por su situación económica decide llamar al programa en busca de información. En el programa le proveyeron los teléfonos de nuestra organización, en la ciudad de Atlanta.

Ella diligentemente llamó a las oficinas del ministerio, en donde la atendieron, le enviaron unos materiales para comenzar a realizar su presupuesto y oraron por ella. En las oficinas le mencionaron que el doctor Andrés Panasiuk estaría ofreciendo en las próximas semanas en la ciudad de Houston un taller sobre cómo manejar exitosamente las finanzas desde una perspectiva bíblica.

Con un corazón abierto, Rosa decidió asistir a esta conferencia. Estaba dispuesta a recibir y a obedecer lo que se dijera en la conferencia porque tenía la certeza de que ese mensaje vendría de parte de Dios. Creyó en las enseñanzas y las hizo parte de su vida.

Comenzar el camino hacia la sanidad financiera no fue fácil. Fue un proceso. Sin embargo, estuvo dispuesta a dar el primer paso: colocar una «caja de zapatos» en su cocina y acumular en ella todos los recibos del mes, como se le había instruido. Ese fue su primer paso para poder adiestrarse y auto disciplinarse poco a poco en el área de las finanzas.

También escuchó a Dr. Panasiuk decir que Dios puede usar cualquier cosa que nosotros le hagamos *disponible*, inclusive un hobby o algo que nos guste hacer. Rosa pensó que a ella le gustaban las flores y que quizás Dios podría usar esa pasión para comenzar un negocio.

A pesar de no tener mucho capital —solo doscientos dólares— Rosa comenzó su negocio de floristería. Al tiempo, Dios la bendijo con un contrato en Washington D.C. para realizar ochocientos arreglos florales en la convención nacional de LULAC.[4] Y no muchos años más tarde Dios nuevamente abrió puertas que jamás hubiera soñado, cuando recibió un contrato para preparar los arreglos florales del *Super Bowl* de la Liga de Fútbol Americano Nacional (NFL, por sus siglas en inglés) en 2003.[5]

Junto con esta oportunidad, se le presentó también un gran reto: cómo hacer llegar a su destino los arreglos florales sin que se le estropearan y marchitaran. Deseosa de trabajar con excelencia, Rosa le pidió a Dios que la ayudara y una noche, a las tres de la mañana, Dios la despertó con una idea en la mente. Ella sin dejar pasar la oportunidad, escribió esta idea en un papel, la desarrolló y la patentó.

Así fue como inventó un mecanismo para cargar grandes cantidades de flores sin que se maltrataran. Este invento ha sido considerado como una de las mejores invenciones en la industria de la floristería.

En 2003, su negocio fue nominado por la cadena televisiva Univisión y la Cámara de Comercio Hispana en Houston (Texas) como «El negocio emergente del año». En 2004, la compañía Microsoft* la escogió como ejemplo de PyMEs [pequeños y medianos negocios] en

Estados Unidos. Por este reconocimiento le regalaron equipos de computadoras, le ofrecieron adiestramiento gratuito y colocaron su historia en la página de Internet de Microsoft.

El éxito experimentado por Rosa se debió a que hizo disponible a Dios lo que tenía: un amor profundo por las flores. Dios tomó eso, más su fidelidad a los principios financieros de la Biblia y abrió puertas y oportunidades donde no existían antes...

¡Dios lo hizo con Rosa y lo puede hacer contigo también!

Sea lo que sea que hagas disponible a Dios, Él tiene el poder de hacer milagros y llamar a las cosas que no son a que existan. Permítele a Dios hacer milagros en tu vida. En ocasiones somos nosotros mismos los que no permitimos con nuestra falta de fe que Dios haga milagros en nuestras vidas.

Cuando entras en un proceso de depender de Dios debes ser también obediente y estar atento a las instrucciones específicas que Él te va a ir dando. Cuanto más confiamos en Él, cuanto más nos entregamos, cuanto más compromiso tenemos, más rendición de nuestra vida y de nuestro yo, más favor de Dios vendrá sobre nosotros.

Ahora la gran pregunta, entonces, es: ¿cuán grande es tu fe? ¿Hasta dónde estás dispuesto a obedecer a Dios? La contestación depende de ti.[6]

## 3. Cuando vienen los problemas económicos, la tercera prioridad es obedecer (confiar) para una restauración completa

Los versículos 3 al 7 de este pasaje nos enseñan una gran verdad: no solo es suficiente creer. También es importante morir.

El morir a nosotros mismos y a nuestros deseos e ideas para entregarnos totalmente a la dirección de Dios es una de las cosas más difíciles de la vida. Morir nos lleva a obedecer. Y obedecer es esencial para ver la poderosa mano de Dios obrando a nuestro favor.

Por ejemplo: Dios no nos da lo que queremos, Dios nos da lo que necesitamos. Esta viuda vino buscando dinero. Pero Dios le multiplicó el aceite. Vino buscando el pago de su deuda, pero Dios le dio un negocio. Vino buscando una solución para su problema del día, pero Dios le solucionó sus problemas para el resto de su vida.

Piénsalo. La próxima vez que le pidas algo a Dios y te des cuenta de que no te lo quiere dar, deja de quejarte y llorar como un bebé por no recibir lo que quieres y espera de Dios lo que necesitas: lo mejor para tu vida.

## LA OBEDIENCIA ES REQUISITO PARA LA SANIDAD

Unos cuantos años atrás cayó en mis manos un libro que hizo un profundo impacto no solo en mi vida sino también en la de mi esposa. Se trata de *Surrender* (*Rendición*) escrito por Nancy Leigh DeMoss y publicado en 2006. Nos pegó tan fuerte que he estado predicando el tema a lo largo y ancho del mundo por años. Hoy me gustaría compartir contigo una serie de ideas que he tomado de este libro mezcladas con algunas de las ideas que enseño como consecuencia de haber sido impactado por *Surrender*.

Después de vivir tantos años en Estados Unidos, estoy seguro de que los traductores del libro tuvieron la misma lucha que tengo yo al encontrar que el concepto de *surrender* va mucho más profundo que el de «rendición» en español. Incluye, también, el concepto de entrega, de renuncia a uno mismo.

La renuncia a uno mismo —el morir para nosotros— y el entregarnos completamente a la voluntad de Dios está en el centro del plan de salvación para nuestras vidas.[7] Alrededor de esta actitud gira todo lo que hemos escrito en este libro y es la piedra fundamental en el proceso de disfrutar de la prosperidad integral en tu vida.

Nancy Leigh DeMoss comienza contando la historia de Hiroo Onoda, un soldado japonés en la isla de Lubang, Filipinas, que se quedó aislado de su pelotón y del resto del mundo durante la Segunda Guerra Mundial. A pesar de incontables esfuerzos por avisarle que la guerra había terminado, Onoda continuó la lucha por veintinueve años ininterrumpidos hasta que, finalmente, el 10 de marzo de 1974 entregó su oxidada espada a las autoridades filipinas, convirtiéndose así en el último soldado japonés en rendirse.[8]

Rendirse no es fácil. Muchas veces, para aquellos que hemos encontrado a Jesús en nuestras vidas y le hemos pedido que venga a vivir en nuestros corazones, la guerra ha terminado. Sin embargo, entregarse es difícil, especialmente para nosotros, los que hemos llegado a un cierto nivel de liderazgo.

Como diría Oswald Chambers en *En pos de lo supremo*:

La entrega no es la sumisión de la vida externa, sino la subordinación de la voluntad; cuando eso ha sido hecho, todo ha sido hecho. Existen muy pocas crisis en la vida; sin embargo, la gran crisis de la vida es la entrega de la voluntad.[9]

Volviendo a la historia de la viuda de 2 Reyes capítulo 4, es notable que hizo todo lo que Eliseo le dijo. Paso por paso. Tal como se le había instruido, tuviese para ella sentido o no. Pudo haber pensado que pedirles vasijas a sus vecinas sería humillante, especialmente para una mujer de su clase social. Quizás ella hubiese preferido ir con sus amigas más cercanas y buscar una pequeña cantidad de vasijas en vez de muchas. De haberlo hecho así, el milagro habría sido de ese tamaño.

Pero nada de eso ocurrió, sino que la viuda obedeció al pie de la letra las instrucciones y pudo ver, entonces, la mano de Dios obrando en gran manera a su favor con todo su poder.

Aquí hay un gran concepto con respecto al tema de la obediencia: no se puede hacer la voluntad de Dios violando la Palabra de

Dios. Si para salir de deudas debemos violar el Principio del compromiso garantizado, cayendo en la presunción del futuro o violando normas éticas de la Palabra de Dios (en la letra o en el espíritu), entonces debemos buscar otro camino.

En el siguiente capítulo te voy a mostrar, por ejemplo, las cinco leyes irrefutables para la restauración económica. Cuando estés en dificultad económica, obedécelas. Al pie de la letra. Dios mostrará su poder en tu vida.

## EL PROCESO ES EL CAMINO PARA LA SANIDAD

Después de haber acumulado un par de millones de kilómetros en mis cuentas de viajero frecuente, visitado más de cuarenta países, enseñado y servido de mentor a personas desde 1990, con mis amigos de El Instituto para la Cultura Financiera nos hemos dado cuenta de que, a pesar de que Dios puede hacer un milagro y sacarnos de la dificultad en forma instantánea, la gran mayoría de las veces no lo hace de esa manera. Nos pasa a través de un *proceso*. Nos pasa por el *fuego* para ser refinados.

Volvamos nuevamente a la viuda y Eliseo, el profeta de Dios. Cuando comienza la historia, nos damos cuenta de que la viuda viene a Eliseo buscando una solución instantánea. Sin embargo, Dios la coloca en un proceso para su sanidad. Ella viene buscando dinero en efectivo para pagar su deuda el día de hoy, pero Dios le da un negocio que pagará su deuda y la mantendrá por el resto de su vida.

En la versión Reina-Valera de 1960, el apóstol Santiago nos exhorta a desarrollar la paciencia. Dice en su carta universal (1.2–3): «Hermanos míos, tened por sumo gozo cuando os halléis en diversas pruebas,sabiendo que la prueba de vuestra fe produce paciencia». No obstante, algunos expertos opinan —yo no soy uno de ellos— que la palabra griega que está detrás de la palabra paciencia es *upomone* (υπομονην), que significa «soportar bajo presión» y que podríamos traducir mejor como perseverancia o constancia.

La Nueva Versión Internacional traduce ese pasaje de la siguiente manera: «Hermanos míos, considérense muy dichosos cuando tengan que enfrentarse con diversas pruebas, pues ya saben que la prueba de su fe produce constancia. Y la constancia debe llevar a feliz término la obra, para que sean perfectos e íntegros, sin que les falte nada».

Si queremos vivir una vida económica verdaderamente sana, debemos ser perseverantes a través de las dificultades. Entrar en un proceso de sanidad y no simplemente esperar una sanidad instantánea. Lamentablemente, los latinoamericanos somos gente de «pensamiento mágico». Esperamos que la solución a nuestros problemas venga de manera «mágica» e instantánea.

Sin embargo, cuando estudiamos la Biblia nos damos cuenta de que Dios no actúa normalmente de esa manera. Y hay una razón por la que no lo hace. Déjame contarte una historia:

Hace algunos años Gonzalo caminaba por el fondo de su casa después de una tormenta. De pronto, vio en el suelo un capullo de mariposa todavía pegado a una pequeña ramita. Lo levantó y lo llevó con sumo cuidado a la cocina de su casa para proveerle protección y cuidado.

Colgó la ramita en el centro de la boca ancha de un jarro de vidrio y llamó a su esposa para enseñarle orgullosamente su experimento. Su esposa se mostró impresionada por unos cinco segundos y luego continuó con las tareas que estaba realizando.

Unos minutos después, mirando atentamente la bella construcción que había hecho el famoso gusano de seda, Gonzalo se dio cuenta de que el capullo se movía. Un tiempo más tarde, ese movimiento casi imperceptible se tornó en una serie de movimientos frenéticos hacia un lado y hacia el otro.

Gonzalo entendió inmediatamente la tremenda lucha por la vida que se estaba llevando a cabo dentro del capullo. Era obvio que el insecto estaba tratando con todas sus fuerzas de salir de la condición en la que estaba y que se veía seriamente apretado dentro del capullo.

Entonces mi buen amigo decidió intervenir y ayudar a alivianar la presión. Sacó una pequeña navaja muy filosa y con muchísimo cuidado hizo un pequeño corte en el tope del capullo.

De inmediato ¡un ala surgió del capullo! Segundos después, la otra y, finalmente, la recién nacida mariposa se paseaba libremente por el tope del jarro donde había estado colgada su transitoria casa.

Ahora Gonzalo se sentía contento de haber podido ayudar a un insecto que nos trae tanta belleza y alegría. Solo se hacía una pregunta: *¿Por qué será que no quiere volar?*

Esperó por una hora para que las alas de la mariposa se secaran, movió el jarro, lo colocó afuera. Pero la mariposa no remontaba vuelo.

Preocupado por el asunto, fue a ver a su vecino, profesor de la universidad. Le contó lo que había pasado, cómo había encontrado el capullo, cómo lo había cuidado y cómo había rescatado del capullo al insecto con su navaja.

—¡Ahí está el problema! —exclamó el vecino.

—¿Cómo? —preguntó Gonzalo, desconcertado.

—Sí, ahí está el problema —repitió su vecino experto—. La tremenda lucha que observaste para salir del capullo es una parte importantísima del proceso de fortalecimiento de los músculos del insecto. Si no dejas que esa lucha siga su curso natural, la mariposa nunca podrá volar. Es una parte vital de su desarrollo.[10]

Esta historia tiene una gran aplicación en tu vida y en la mía. Cuando pasamos por momentos difíciles en la empresa, la iglesia o la organización pensamos: «¡Ojalá viniera alguien y como por arte de magia pudiera sacarnos de la situación de esclavitud financiera en la que nos encontramos!».

Pero eso no es lo mejor para tu vida ni para la vida de la empresa. Creo firmemente que las pruebas y dificultades desarrollan en nosotros un carácter sólido, maduro y ayudan a que seamos más fuertes y perseverantes del otro lado.

Es importante no tratar de escapar mágicamente de las dificultades. Es vital pasar a través del proceso de sanidad, de los aprietos en los que nos encontramos por nuestros propios medios, haciendo uso de nuestras propias fuerzas, para que una vez fuera, seamos lo suficientemente fuertes como para nunca más caer en la esclavitud de las deudas y poder volar libremente en el mundo por el resto de la vida.

Confucio decía: «Nuestra mayor gloria no está en que nunca hemos fallado, sino en que cada vez que fallamos nos hemos levantado».

La Biblia nos dice en Proverbios 24.16 (NTV): «Los justos podrán tropezar siete veces, pero volverán a levantarse...».

## ESTA LEY EN LAS ESCRITURAS...

Más bien busquen primeramente el reino de Dios y su justicia, y todas estas cosas les serán añadidas. (Mateo 6.33, NVI)

# ACTIVIDAD PRÁCTICA Y AUTOEVALUACIÓN

## EVALUACIÓN PERSONAL

1. ¿Cuáles son los problemas económicos más serios que tenemos?

   _____

   _____

   _____

   _____

   _____

   _____

2. ¿Cuál es la raíz de esos problemas?

   _____

   _____

   _____

   _____

   _____

   _____

3. ¿Cuál sería un honesto análisis FODA de nuestra organización?

| Fortalezas | Oportunidades | Debilidades | Amenazas |
|---|---|---|---|
|  |  |  |  |
|  |  |  |  |
|  |  |  |  |
|  |  |  |  |

4. ¿Cuáles principios debo empezar a obedecer para un futuro más exitoso?

_____

_____

_____

_____

_____

_____

5. ¿Qué cosas debería cambiar en la forma en que he planeado para el futuro económico de mi familia?

_____

_____

_____

_____

_____

_____

6. Si muero esta noche, ¿qué situaciones difíciles les habré dejado a mi esposa y mis hijos? ¿Cómo las puedo resolver?

_____

_____

_____

_____

_____

7. ¿Qué estructuras debería cambiar en la empresa/organización para evitar los problemas del esposo de esta viuda?

_____

_____

_____

_____

_____

_____

# ESTUDIO DE CASO[11]

*Una pareja cristiana en Texas, ambos veterinarios, obtuvo un préstamo hipotecario de $118.000 dólares estadounidenses para comprar un edificio donde operarían una veterinaria y un negocio de mascotas. Ellos siempre habían operado la empresa entendiendo que no eran los dueños sino los administradores del negocio y que el mismo, en realidad, le pertenecía a Jesucristo. Esa era la razón por la que lo operaban de acuerdo a estrictos principios bíblicos.*

*Cuando comenzaron las negociaciones, le preguntaron al banco si podían usar la plusvalía (la diferencia entre el valor real de la propiedad y el préstamo pedido), como garantía colateral sin tener que garantizar personalmente el préstamo. De esa manera, si alguna vez ellos no podían hacer los pagos de la hipoteca, el banco se quedaría con todos los pagos hechos y, además, con la propiedad, pero ellos quedarían totalmente libres del compromiso adquirido.*

*Explicaron que la razón por la que solicitaban ese arreglo eran sus convicciones religiosas de nunca garantizar con los fondos de la familia los compromisos del negocio y, al mismo tiempo, obedecer el Principio del compromiso garantizado: tener una manera garantizada de pagar las deudas.*

*Su pedido, sin embargo, fue rechazado y se les ofreció financiar la compra con un préstamo personal al 12% anual (6 a 8 puntos por debajo de lo que les ofrecía una tarjeta de crédito). Un segundo banco les ofreció lo mismo solo que la tasa de interés bajó a 11,5%.*

*Frente a la urgencia de obtener el préstamo hipotecario se les dijo que no habría ninguna otra opción y que ningún banco aceptaría su pedido.*

*¿Qué deberían hacer?*

## Análisis

Lee los siguientes versículos bíblicos y haz un análisis del caso:

Los ricos son los amos de los pobres; los deudores son escla-vos de sus acreedores. [...] No te comprometas por otros ni salgas fiador de deudas ajenas. (Proverbios 22.7, 26, NVI)

¡Ay del que se hace rico con lo ajeno y acumula prendas empe-ñadas! ¿Hasta cuándo seguirá con esta práctica? ¿No se levan-tarán de repente tus acreedores? ¿No se despertarán para sacudirte y despojarte con violencia? (Habacuc 2.6–7, NVI)

No tengan deudas pendientes con nadie, a no ser la de amar-se unos a otros. De hecho, quien ama al prójimo ha cumpli-do la ley. (Romanos 13.8, NVI)

1. Define el problema real y de raíz que tienen estas personas en sus manos:

   _____

   _____

   _____

   _____

2. Identifica las partes (personas, individuos, entidades) involucra-das en el problema:

   _____

   _____

   _____

_____

_____

_____

3. Describe las circunstancias especiales que presenta este estudio de caso y las consecuencias potenciales de cada posible decisión:

_____

_____

_____

_____

## Perspectiva bíblica

Reconociendo que cada «dueño» de empresa en realidad es un gerente del negocio de Dios, piensa:

1. ¿Qué acción debería tomarse frente a esta situación?

_____

_____

_____

_____

_____

2. ¿Cómo podría honrarse a Dios en la medida en la que uno toma esa decisión?

_____

_____

_____

_____

_____

## Aplicación práctica

A la luz de este estudio de caso:

1.  ¿Qué podrías aplicar a tu propia organización, ministerio o lugar de trabajo?

_____

_____

_____

_____

_____

_____

2.  ¿Hay algún grupo de reglas, principios y valores empresariales que quizás tengas que cambiar en tu organización?

_____

_____

_____

_____

_____

_____

3.  ¿Hay algo que debería cambiar en ti?

_____

_____

_____

_____

_____

_____

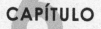

CAPÍTULO 6

# LA
# LEY
# DEL SACRIFICIO
# PERSONAL

UN LÍDER DEBE CEDER PARA ASCENDER.[1]

—JOHN MAXWELL

Josué es un líder que nos muestra cómo ceder en nuestra manera de pensar con el fin de entrar en la promesa de Dios para nuestras vidas.

## AMELIA EARHART

Corría el 2 de julio del año 1937 en la isla Howland, un insignificante pedazo de tierra firme en medio del Océano Pacífico. En el aire se encontraba la famosísima Amelia Earhart piloteando su avión *Lockheed Electra* rumbo hacia la isla de dos mil metros de largo por quinientos de ancho. Este sería el tramo final de su vuelo que la convertiría en la primera mujer en pilotear un avión alrededor del mundo.

Luego de haber volado más de treinta y cinco mil kilómetros desde California, pasando por Miami, Puerto Rico, Sudamérica, África, India y Nueva Guinea, ahora estaba lista para su última parada antes de llegar gloriosa a su meta final. Sin embargo, eso nunca ocurrió. Amelia nunca logró su sueño.

A pesar de que la estación en Howland la podía escuchar claramente y ella podía recibir señales de ellos, la piloto no podía ver la isla ni los isleños el avión. Luego de muchos intentos por encontrarse el uno al otro, finalmente un poco antes de las nueve de la mañana la comunicación cesó y Amelia desapareció por el resto de la historia. Nadie sabe qué pasó.

Algunos dicen que pudo haber sido un problema con la brújula que usaba su navegante, otros dicen que fueron problemas del sistema direccional de radio que tenía el avión. Pero, al final de cuentas, a pesar de que el esfuerzo de rescatar a Amelia Earhart fue el más costoso de la historia norteamericana (cuatro millones de dólares de esa época) y múltiples expediciones se han lanzado a resolver el dilema, su desaparición ha sido un misterio por más de setenta años.

Cada vez que escucho la historia de Amelia Earhart me hace pensar en la gran cantidad de líderes —eclesiásticos y empresariales— que, a pesar de tener un sueño claro en su corazón, de tener una promesa de Dios para sus vidas, nunca entraron en la «tierra prometida» que Dios tenía para ellos. Pasan años de preparación, trabajando incansablemente para llegar a la meta que los llevará a sentirse satisfechos con la tarea realizada, pero por una razón u otra, nunca llegan.

Cada uno de nosotros podríamos hacer una extensa lista de líderes que conocemos en el mundo de los negocios o en el mundo religioso que, luego de tener un gran comienzo y una importante carrera, caen estrepitosamente autodestruyéndose. Empresas multimillonarias, megaiglesias admiradas, organizaciones que alcanzan tamaños de una multinacional y, sin embargo, implosionan por una causa u otra y nunca alcanzan el sueño que tenían en el alma.

Si vamos a entrar en la promesa de Dios para nuestras vidas, hay una serie de principios que debemos aprender. Eso es lo que nos enseña este pasaje en el libro de Josué. Vamos a tener que hacer algunos sacrificios como líderes. Y vamos a tener que, no solo aprenderlos, sino vivirlos.

En Josué 3 el pueblo de Israel finalmente llega a las puertas de la tierra prometida. Por cuarenta años estuvo vagando por el desierto del Sinaí. En este pasaje, finalmente están listos para comenzar a disfrutar de la promesa de Dios para ellos.

Si yo fuera Josué, lo primero que quisiera hacer sería entrar. Sin embargo, en vez de eso, Dios los detiene y los hace acampar del otro lado del Jordán. Deben aprender algunas cosas *antes* de poder entrar exitosamente al lugar prometido por Dios.

Leamos juntos este pasaje y aprendamos esas lecciones:

Josué se levantó de mañana, y él y todos los hijos de Israel partieron de Sitim y vinieron hasta el Jordán, y reposaron allí antes de pasarlo.

Y después de tres días, los oficiales recorrieron el campamento, y mandaron al pueblo, diciendo: Cuando veáis el arca del pacto de Jehová vuestro Dios, y los levitas sacerdotes que la llevan, vosotros saldréis de vuestro lugar y marcharéis en pos de ella, a fin de que sepáis el camino por donde habéis de ir; por cuanto vosotros no habéis pasado antes de ahora por este camino. (Josué 3.1–4, RVR1960)

Antes de que tú y yo podamos entrar en la tierra que Dios nos tiene prometida; antes de que podamos ver la poderosa mano de nuestro Dios trabajando a nuestro favor, necesitaremos dominar tres cosas:

1. Necesitaremos dominar el Principio de la incertidumbre (vv. 2–4).
2. Necesitaremos dominarnos a nosotros mismos (v. 5).
3. Necesitaremos dominar los desafíos del liderazgo (vv. 8–15).
   a. Una inseguridad que vencer (v. 8).
   b. Un liderazgo que ejercer (vv. 6 y 14).
   c. Una percepción que romper (v. 7).
   d. Un movimiento que hacer (v. 15b).

Mirémoslas una por una.

## 1. Necesitaremos dominar el Principio de la incertidumbre (vv. 2–4)

Así como en el mundo de las matemáticas existe un poderoso concepto llamado Principio de la incertidumbre, en el mundo del liderazgo económico existe también, y se encuentra descrito en la historia que estamos estudiando en la vida de Josué.

En este pasaje, Dios nos muestra que muchas veces Él nos quiere llevar a lugares donde nunca hemos estado antes, con los que ni siquiera hemos soñado en la vida. Es el lugar de su promesa. Es el cumplimiento de su llamado. Es la manifestación final de su propósito en nuestras vidas, la razón principal por la que hemos sido creados. Sin embargo, el proceso de mudarnos a un nuevo lugar y viajar por sitios donde nunca hemos estado antes crea inseguridad en nuestro corazón.

Navegar exitosamente por esas aguas inciertas en medio de la niebla que produce la falta de experiencia previa, y salir victoriosos al otro lado, es lo que yo llamo «Principio de la incertidumbre». Para conquistarlo exitosamente debemos seguir las palabras que se encuentran en el versículo 3: «... vosotros saldréis de vuestro lugar y marcharéis en pos de ella...»:

a.  Salir de nuestro lugar de confort.

b.  Seguir en pos del Arca del Pacto, su presencia y su Palabra.

### *a. Salir de nuestro lugar de confort*

Se cuenta la historia de un espía extranjero que fue capturado y condenado a muerte por un general del ejército persa. Antes de llevar a cabo la sentencia el general le dijo al espía que podía enfrentarse a un pelotón de fusilamiento o a lo que le esperara del otro lado de una gran puerta negra que estaba a su lado.

Luego de pensarlo, el espía eligió el pelotón de fusilamiento y pocos minutos después estaba muerto. El general se volvió hacia su ayudante y le dijo: «La gente siempre prefiere el camino conocido a lo desconocido». El ayudante le preguntó qué había detrás de la puerta negra.

«¡La libertad!», respondió el general. «Detrás de esa puerta negra hay un pasadizo que conduce afuera. ¡Pero solo unos pocos han sido lo suficientemente valientes como para arriesgarse a ver lo que hay detrás de ella!».

Si nosotros queremos dominar el Principio de la incertidumbre e ir a lugares donde nunca hemos estado antes, vamos a tener que salir de nuestra área de confort. Vamos a tener que hacer cosas que nunca antes hemos hecho.

Dios dice: «... saldréis de vuestro lugar». Vas a tener que salir del lugar donde estás.

Yo sé que naciste en esta tiendita de campaña, esa carpa que construyeron tus padres en el desierto. Yo sé que creciste en ella. Que en el interior de la carpa tienes un lugar favorito sobre el cual reclinarte. Hay dibujos que hiciste en la pared de la carpa durante tu niñez... y aún hay una marca en el costado de la carpa en el lugar en el cual te gusta recostarte todas las noches cuando vas a dormir. Es tu carpa. Tú sabes cómo manejarla. Cómo armarla y cómo desarmarla. Has vivido en ella toda tu vida. Pero Dios te dice hoy: «Déjala y yo te llevaré a lugares por donde tú nunca has pasado antes».

Alguien dijo alguna vez: «La locura es hacer lo mismo vez tras vez y esperar resultados diferentes».[2] Si vas a ir a lugares donde nunca has estado antes, vas a tener que salir de tu lugar de confort, de seguridad y dejar atrás tu tienda.

Ahora vas a dejar de ser nómada para convertirte en sedentario. Ahora vas a dejar de vagar por el desierto, caminando a través de propiedad ajena y tendrás un pedazo de tierra que realmente te pertenece. Ahora dejarás de vivir en una carpa y vivirás en una casa de piedra.

Si no lo haces, llegarás a un «techo» determinado y no crecerás más allá de él.

Dejar la tienda significa hacer cosas como:

- Tener un presupuesto anual.
- Llevar una buena contabilidad.
- Vivir libre de deudas.

- Establecer un estilo de vida razonable.
- Conocer las leyes del país.
- No hacer nada bueno que parezca malo ni nada malo que parezca bueno.

- **Tener un presupuesto anual**

Hace no mucho tiempo, estuve conversando con algunos líderes de una iglesia que desde que comenzó hace treinta años nunca tuvo un presupuesto. Eso no es un gran problema cuando la iglesia es pequeña. Pero si ya tiene doscientas, trescientas o quinientas personas realmente se necesita comenzar a manejar las operaciones de la iglesia —lo mismo con la empresa— a través de sistemas y procesos que hagan la vida mucho más fácil.

Dice Proverbios 21.5: «Los planes bien pensados y el arduo trabajo llevan a la prosperidad, pero los atajos tomados a la carrera conducen a la pobreza» (NTV).

Desde hace algunos años me reúno con empresarios latinoamericanos para conversar sobre cómo manejar mejor sus empresas, algunas pequeñas, algunas realmente grandes. De vez en cuando me encuentro con algunas compañías de tamaño mediano que, con honestidad, ¡no saben si están ganando dinero o no!

Esto parecería increíble. ¿Cómo crecen, entonces? ¿Cómo sobrevivieron todos estos años? Crecen porque sus ventas o sus servicios también crecen. Los nuevos contratos traen dinero fresco que sirve para pagar los «pecados» de los antiguos negocios que no trajeron ganancias. Ni bien estabilizan su crecimiento o pasan por una crisis, por pequeña que sea, la verdad sale a la luz y se manifiesta en deudas.

Un presupuesto es la manifestación económica de los principios, los valores, las metas y los objetivos de la empresa. Te ayuda a enfocar a la organización y a pasar autoridad y responsabilidad a los líderes, así no necesariamente todas las decisiones tienen que pasar por ti. Tú puedes usar el presupuesto para guiar a la empresa, la iglesia o la organización.

- **Llevar una buena contabilidad**

Dice Proverbios 27.23–24: «Sé diligente en conocer el estado de tus ovejas, y mira con cuidado por tus rebaños; Porque las riquezas no duran para siempre...» (RVR1960).

El conocimiento es poder. Conocer el estado de tus ovejas te da la información necesaria para tomar decisiones inteligentes. Cuando tienes un presupuesto acompañado de buena contabilidad, puedes tomarle el pulso al negocio en forma regular. El presupuesto es el mapa que te dice dónde estás y dónde deberías estar. Una buena contabilidad te coloca los pies en la tierra y te dice dónde estás. Y si no estás donde deberías estar, puedes tomar medidas correctivas.

Hace algún tiempo, Dios me dio el placer de tener como líder a Dave Rae, expresidente de Apple Computers para Canadá y uno de los vicepresidentes de Apple a nivel mundial. Fue mi jefe como por unos diez años (y, luego, presidente de la junta directiva de la organización que mi esposa y yo fundamos en Estados Unidos en 2010). De él aprendí que uno tiene como noventa días para darse cuenta de que algo está pasando con la empresa y tomar medidas correctivas. Si no lo hace, comienza a pagar el precio por no tomar las decisiones difíciles a tiempo.

Es por eso que necesitas llevar una contabilidad extremadamente exacta día tras día, semana tras semana. Tienes que saber qué es lo que en realidad está ocurriendo con tu empresa todos los días. Tienes que tener sistemas y procesos que sean un termómetro excelentemente ajustado que te indique el estado de la organización cada día, cada semana. Si esperas al final del mes, quizás ya sea demasiado tarde...

- **Vivir libre de deudas**

Esto ya lo hemos tratado anteriormente. Pero, puedes obedecer las palabras de la Escritura en Romanos 13.8 («No deban nada a nadie...», NTV), estableciendo una política de «Libertad Incondicional» en tu empresa u organización que indique que ustedes nunca van a pedir préstamos para operar el negocio o la iglesia. Las mejores organizaciones cristianas y las mejores empresas del mundo que conozco tienen esta política de vivir *debt-free* [libres de deudas].

Eso, por supuesto, tiene sus implicaciones. Implica que levantarás los fondos *antes* de realizar inversiones, que buscarás maneras creativas para poder hacer funcionar tu negocio sin tener que pagar intereses, que esperarás en el Señor el tiempo perfecto de Dios para cumplir el sueño que tienes en el corazón. Habrá que morir para vivir. Habrá que ser mucho más creativos de lo que hemos sido hasta el día de hoy. Pero vale la pena. Créeme.

- **Establecer un estilo de vida razonable**

El apóstol Pablo le dice a Timoteo en el capítulo seis de su primera carta:

Ahora bien, la verdadera sumisión a Dios es una gran riqueza en sí misma cuando uno está contento con lo que tiene. Después de todo, no trajimos nada cuando vinimos a este mundo ni tampoco podremos llevarnos nada cuando lo dejemos. Así que, si tenemos suficiente alimento y ropa, estemos contentos. Pero los que viven con la ambición de hacerse ricos caen en tentación y quedan atrapados por muchos deseos necios y dañinos que los hunden en la ruina y la destrucción. Pues el amor al dinero es la raíz de toda clase de mal; y algunas personas, en su intenso deseo por el dinero, se han desviado de la fe verdadera y se han causado muchas heridas dolorosas. (1 Timoteo 6.6–10, NTV)

Luego, Hebreos 13 dice: «Sean vuestras costumbres sin avaricia, contentos con lo que tenéis ahora; porque él dijo: No te desampararé, ni te dejaré...» (Hebreos 13.5, RVR1960).

Eso no quiere decir que no debemos vivir en casas lindas o tener autos buenos. Estos pasajes hablan de la actitud de nuestro corazón con respecto a las cosas materiales. Pensemos: ¿qué tanto las amamos?

No estoy hablando de la cantidad de cosas que tienes. Estoy hablando de la relación que has desarrollado con las cosas que tienes. ¿Tienes cosas o las cosas te tienen a ti? Piénsalo.

Lo otro que debes pensar con respecto a tu estándar de vida es que, como líder, tú eres el ejemplo de tu gente. Si derrochas el dinero de la empresa, ellos también lo harán. Si viajas en primera clase, tus líderes también lo querrán hacer. Y si usas los recursos de la iglesia o la empresa para tus propios gastos o los de tu familia, tu liderazgo te querrá seguir.

¿Cuáles son tus *costumbres*? Los mejores líderes que conozco viven una vida que demuestra balance, moderación y humildad. Vivir moderadamente te ayudará a controlar los gastos tanto en la empresa como en la casa.

- **Conocer las leyes del país**
  San Pablo les escribe a los romanos:

Toda persona debe someterse a las autoridades de gobierno, pues toda autoridad proviene de Dios, y los que ocupan puestos de autoridad están allí colocados por Dios. Por lo tanto, cualquiera que se rebele contra la autoridad se rebela contra lo que Dios ha instituido, y será castigado. Pues las autoridades no infunden temor a los que hacen lo que está bien, sino en los que hacen lo que está mal. ¿Quieres vivir sin temor a las autoridades? Haz lo correcto, y ellas te honrarán. Las autoridades están al servicio de Dios para tu bien; pero si estás haciendo algo malo, por supuesto que deberías tener miedo, porque ellas tienen poder para castigarte. Están al servicio de Dios para cumplir el propósito específico de castigar a los que hacen lo malo. Por eso tienes que someterte a ellas, no solo para evitar el castigo, sino para mantener tu conciencia limpia. Por esas mismas razones, también paguen sus impuestos, pues los funcionarios de gobierno necesitan cobrar su sueldo. Ellos sirven a Dios con lo que hacen. Ustedes den a cada uno lo que le deben: paguen los impuestos y demás aranceles a quien corresponda, y den respeto y honra a los que están en autoridad. (Romanos 13.1–7, NTV)

Los romanos no eran un grupo de Boy Scouts que estaban pasando unas vacaciones en Palestina. Eran un ejército de ocupación, corrupto, inmoral y pagano. Sin embargo, la Palabra de Dios nos dice claramente que debemos obedecer las leyes de nuestros países y honrar a nuestras autoridades; por supuesto, obedeciendo siempre a Dios antes que a los hombres.

Muchos de los dolores de cabeza que tenemos en los negocios, las iglesias y las organizaciones de nuestro continente tienen que ver con el hecho de que no hacemos las cosas bien desde el principio, tomamos «atajos» en los aspectos legales y somos demasiado «flexibles» con las leyes que cada vez nuestros gobiernos están en mejores condiciones de hacer cumplir.

Obedecer las leyes y respetar a nuestras autoridades no solamente nos permitirá funcionar mucho mejor dentro del marco legal de nuestros países, sino que también nos permitirá vivir bajo la gracia y la bendición de Dios para nuestras empresas.

• **No hacer nada bueno que parezca malo ni nada malo que parezca bueno**

La acusación más común que los no creyentes hacen de los cristianos es que somos hipócritas. Deberíamos pensarlo. Quizás tengan razón.

Cuando no tenemos un buen testimonio, perdemos el poder moral para compartir nuestra fe.

Jesús nos dice en el Sermón del Monte: «Bienaventurados los de limpio corazón, porque ellos verán a Dios...» (Mateo 5.8, RVR1960).

A los filipenses, Pablo les dice:

> Sobre todo, deben vivir como ciudadanos del cielo, comportándose de un modo digno de la Buena Noticia acerca de Cristo [...] No sean egoístas; no traten de impresionar a nadie. Sean humildes, es decir, considerando a los demás como mejores que ustedes. No se ocupen solo de sus propios intereses, sino también procuren interesarse en los demás. (Filipenses 1.27, 2.3–4, NTV)

Comportarse de un modo digno de las Buenas Nuevas significa que vamos a marcar claramente en nuestras vidas una línea entre el bien y el mal y, luego, vamos a vivir lejos de ella. Significa cuidar las palabras que usamos en nuestro hablar; significa tener ventanas en la puerta de nuestra oficina y tener a otras personas que puedan leer nuestros mensajes electrónicos y nuestras redes sociales; ser transparentes con el manejo de las finanzas y nunca estar a solas con alguien del sexo opuesto que no sea nuestro cónyuge.

Comportarnos dignamente como ciudadanos del reino significa que no debemos hacer cosas que vayan a dañar a nuestros empleados (por ejemplo, hacerles renunciar el 31 de diciembre de cada año y tomarlos nuevamente el 1 de enero para que no acumulen antigüedad, o pagarles la mitad del salario «por arriba de la mesa» y la otra mitad «por debajo» para ahorrarnos el cincuenta por ciento de los aportes patronales). Significa cuidar la manera en la que tratamos a los demás, especialmente a los más vulnerables.

Cuando honras a Dios comportándote como alguien que es parte de su familia, Él te honrará a ti como tu Padre Celestial.

### b. Seguir en pos del arca del pacto, su presencia y su Palabra

Nuevamente, entonces, para poder dominar el Principio de la incertidumbre en el mundo de las finanzas organizacionales debemos seguir las palabras que se encuentran en el versículo 3: «...vosotros saldréis de vuestro lugar y marcharéis en pos de ella...»:

Debemos no solo salir de nuestro lugar de confort. También debemos marchar en pos del arca del pacto.

Luego de estudiar ampliamente la Escritura, he llegado a la conclusión de que el arca representa tanto la presencia como la Palabra de Dios en medio de su pueblo (debemos recordar que dentro del arca se encontraban las tablas de la ley).

Eso significa que cuando vamos a comenzar a hacer cosas que nunca hemos hecho antes, debemos hacerlas «si y solo si» están de acuerdo con la presencia y la Palabra de Dios en nuestras vidas. Debemos comparar la literatura, la asesoría, los consejos, las ideas que recibimos de todas las fuentes y retener solamente aquellas que están de acuerdo con la presencia y la Palabra de Dios.

Por ejemplo, puede que Dios te diga: «Sal de la barca y camina sobre el mar». Si Dios, a través de su presencia en tu vida te lo dijo, ¡hazlo! Solo debes estar seguro de que fue el Señor realmente quien te lo dijo y no tu propio corazón o tus deseos personales.

Por otro lado, hoy día hay en el mercado muchos «gurús» de las finanzas; muchos «expertos» económicos, con algunos que, incluso, han ganado premios internacionales o son *best sellers* [éxitos de librería]. Sin embargo, para ti y para mí solamente se aplican sus consejos si están alineados con la brújula inmutable de la Palabra de Dios.

Aprende los Principios con «P» en mayúsculas, los principios eternos de la Palabra de Dios en el mundo de las finanzas. Alinea siempre tus prácticas a la Palabra. Siempre.

## 2. Necesitaremos dominarnos a nosotros mismos (v. 5)

«Y Josué dijo al pueblo: Santificaos, porque Jehová hará mañana maravillas entre vosotros» (Josué 3.5, RVR1960).

Antes de que podamos ver mañana la poderosa mano de Dios trabajando a nuestro favor, necesitamos hoy consagrar nuestras propias vidas a Él. Debemos comprometernos a vivir vidas santas delante de Él.

En el libro de Isaías Dios nos dice que

Los que son honestos y justos,
  los que se niegan a obtener ganancias por medio de fraudes,
  los que se mantienen alejados de los sobornos,
  los que se niegan a escuchar a los que traman asesinatos,
  los que cierran los ojos para no ceder ante la tentación de
    hacer el mal;
  estos son los que habitarán en las alturas.
  Las rocas de los montes serán su fortaleza;
  se les proveerá alimentos,
    y tendrán agua en abundancia. (Isaías 33.15–16, NTV)

Dave Anderson es un consultor corporativo y el fundador de la Dave Anderson Corporation. Él comienza un artículo llamado «Character: The First Non-Negotiable Trait of Leadership» [El carácter: el rasgo más importante en el liderazgo] diciendo:

Una reciente encuesta entre ejecutivos de empresas en la lista de Fortune 500 encontró que el 71% de ellos dijo que el carácter era el rasgo más importante que se mira al ascender por la escalera corporativa. Sin él, nada realmente importará por mucho tiempo. El carácter es el punto en el cual la confianza une a los líderes con sus seguidores. Cuando uno llega a una posición de liderazgo, el carácter normalmente está bien formado. Cambiar el carácter de alguien requiere enormes cantidades de tiempo y de energía, y la mayoría de las veces simplemente no se logra.[3]

Ya lo dijimos antes: uno de los grandes secretos en la provisión de Dios para nuestras vidas es que si bien la salvación es incondicional, la bendición de Dios *es* condicional... y es condicional a la obediencia.

No podemos esperar la bendición de Dios en nuestra vida financiera si hemos sido presa del pragmatismo que dice que tenemos que comportarnos de acuerdo a cómo «funcionan» las cosas en nuestro país.

Muchos citan el famoso escrito de Moisés en el libro de Deuteronomio, capítulo 28 y sueñan con ser bendecidos en la ciudad, y [...] en el campo, con hacer préstamos, pero no pedir prestado nada, con estar por cabeza, ni por cola. Sin embargo, todo ese escrito comienza con un «si» condicional tan grande como un estadio de fútbol. Allí dice: «Si tú escuchas con atención [...] y *cumples* y *pones en práctica todos los mandamientos*» (Deuteronomio 28.1, RVR60, cursivas mías), recibirás las bendiciones de Dios.

No obstante, si uno maneja su vida económica como le parece mejor (evadiendo impuestos, mintiendo en sus papeles con el gobierno, trayendo cosas del exterior sin pagar la aduana, usando software de música y vídeos pirateados y cosas por el estilo), no nos vendrán las bendiciones, sino las maldiciones que aparecen a partir del versículo 14.

Creo que un día de gracia vale más que mil días de trabajo. Lo que necesitamos muchas veces no es más trabajo —porque ya trabajamos todos los días como un burro— sino más gracia. Por lo tanto, comprométete como líder a una vida de integridad.

A través de los años, he enseñado alrededor del mundo tanto en comunidades de fe como en el mundo gubernamental y empresarial.

Dentro de las iglesias y las empresas, a veces cito un material que está tomado de un estudio titulado *Las finanzas y la Biblia* que distribuimos a miles de líderes en el continente cuando trabajaba para una maravillosa organización llamada Conceptos Financieros Crown. Habla de las bendiciones y las maldiciones que puede esperar un líder.

Las bendiciones para el honesto incluyen lo siguiente:

- El honesto tendrá una relación más íntima con Dios: «El Señor detesta a esa gente perversa; en cambio, ofrece su amistad a los justos» (Proverbios 3.32, NTV).
- El justo recibirá bendiciones en su familia: «Los justos caminan con integridad; benditos son los hijos que siguen sus pasos» (Proverbios 20.7, NTV). «El Señor maldice la casa del perverso, pero bendice el hogar de los justos» (Proverbios 3.33, NTV).
- La persona honrada recibirá provisión de bienes materiales: «En la casa del justo hay tesoros, pero las ganancias del perverso le acarrean dificultades» (Proverbios 15.6, NTV).
- El íntegro tendrá una larga vida: «El gobernante insensato aumenta la opresión; pero el que no es codicioso tendrá larga vida» (Proverbios 28.16, DHH).

Las maldiciones reservadas para el deshonesto incluyen lo siguiente:

- El deshonesto experimentará una relación mediocre con Dios: «El Señor aborrece a los mentirosos, pero mira con agrado a los que actúan con verdad» (Proverbios 12.22, DHH). «Porque al Señor le repugnan los malvados, pero a los buenos les brinda su confianza» (Proverbios 3.32, DHH).
- El deshonesto tendrá problemas en su familia. Considera, por ejemplo, los problemas que tuvieron los patriarcas Jacob

y Esaú, según lo cuenta el libro de Génesis en los capítulos
25, 27 y 28.

- El deshonesto no disfrutará de los bienes mal habidos: «El
pan robado tiene un sabor dulce, pero se transforma en arena
dentro de la boca» (Proverbios 20.17, NTV).

Por otro lado, los que están en posición de liderazgo deben ser un
ejemplo de honestidad en todo aspecto de su vida, a fin de que los
que están bajo su autoridad hagan lo mismo.

La deshonestidad debería descalificar a una persona de su posición de liderazgo.

Tres de los cuatro criterios que Jetro le dio a Moisés en Éxodo 18.21
para seleccionar líderes tienen que ver con el carácter de las personas:
(1) que tengan temor de Dios; (2) que sean sinceros; y (3) que no busquen ganancias mal habidas. Ese es el tipo de líderes que deberíamos
elegir en la actualidad para nuestras iglesias, nuestros negocios, nuestros gobiernos y nuestras organizaciones sin fines de lucro.

Dios espera que todos seamos honestos y sinceros. Sin embargo,
espera eso especialmente de los líderes. Nosotros somos los que dare-
mos el ejemplo para que los demás imiten. Los líderes corruptos llevan a las naciones hacia la desgracia. Los líderes deshonestos en las
iglesias llevan a una iglesia a vivir sin el poder y la bendición de Dios.
Los líderes descalificados llevan a la empresa a la ruina.

Como sabemos, cuando el pueblo de Israel entró en la tierra prometida, su primera gran victoria fue tomar la ciudad de Jericó. Inmediatamente, Josué dirigió a su ejército contra la pequeña población de
Hai, con un resultado desastroso.

¿La razón? Había pecado en el pueblo. Había avaricia en el corazón de Acán. Su avaricia lo llevó a tomar cosas consagradas a Dios.
El tomar esas cosas lo puso en desobediencia. La desobediencia lo
llevó a esconder lo tomado. El ocultar su pecado lo llevó a mentir. Y
el mentir lo llevó a la destrucción personal y familiar.

A veces pienso: *¿No es injusto que Josué haya sido derrotado e, incluso, que gente que quizás ni siquiera conocía a Acán haya muerto por su pecado?* Injusto o no, así es como funcionan las cosas en el mundo espiritual: tu pecado no te afecta solamente a ti. Tu pecado te afecta a ti, a tu familia, a tu entorno, a tu iglesia, a tu negocio y hasta a tu nación.

Si queremos recibir la gracia de Dios en nuestra vida económica, debemos vivir en santidad financiera. No podemos vivir en pecado financiero y esperar la bendición de Dios sobre nuestra vida económica.

A veces nos preguntamos: *¿Cómo puede ser que trabajamos como burros pero no avanzamos en nuestra vida económica?* Quizá tengamos que ir en busca de la respuesta a esa pregunta en las computadoras de la oficina, en los libros de contabilidad y en las oficinas de nuestros abogados: y descubrir el pecado de Acán en nuestras iglesias, organizaciones y empresas.

Hace algún tiempo, escribí sobre este tema de la integridad en mi libro *¿Cómo llego a fin de mes?* y me parece importante repetir aquí un par de ideas que escribí en esa ocasión:

Una de las marcas más importantes de un carácter maduro es la integridad personal. Stephen L. Carter, profesor de la Escuela de Leyes de la Universidad de Yale y autor del libro *Integrity*, explica que la integridad requiere tres pasos concretos:

1. Discernir lo que está bien de lo que está mal. Es decir, saber lo que es bueno y lo que es malo.
2. Actuar de acuerdo con esas convicciones, aun si hubiese que pagar un precio en lo personal por hacerlo.
3. Expresar con franqueza delante de otros que uno actúa de acuerdo a su propio discernimiento del bien y del mal.[4]

Cuando viajo ofreciendo conferencias, sobre todo en las que presento para empresarios y políticos, con regularidad defino la «integridad» de la siguiente manera:

Integridad es...

Hacer lo que se tiene que hacer,

Cuando se tiene que hacer,

Como se tiene que hacer,

Sin importar las consecuencias.

Si queremos disfrutar de prosperidad integral en nuestro negocio, organización o iglesia, debemos ante todo desarrollar un carácter íntegro, sólido. Debemos descubrir los principios eternos de la Palabra de Dios y aprender a vivir de acuerdo con ellos, cueste lo que nos cueste. Ese es el tipo de hombre o mujer que Dios está buscando y que el mundo más admira.

Se dice que Abraham Lincoln dijo alguna vez: «Tú puedes engañar a todos algún tiempo, puedes engañar a algunos todo el tiempo, pero no puedes engañar a todos todo el tiempo».[5] A la larga, la gente a tu alrededor sabrá quién eres en realidad. En especial, la gente que se encuentra más cerca de ti.

Escuché en la radio una vez a alguien decir: «Aquello que estés dispuesto a dejar atrás determinará qué tan lejos llegarás en la vida», y esa es una gran verdad.

Piensa: ¿qué debes dejar atrás?

Recuerda que Dios no manifestará su milagroso poder a nuestro favor mañana si no estamos completamente consagrados a Él el día de hoy.

## 3. Necesitaremos dominar los desafíos del liderazgo (vv. 8–15)

Finalmente, si vamos a entrar en la promesa de Dios para nuestras vidas y la vamos a conquistar con nuestra organización o empresa, vamos a tener que aprender, como Josué, a dominar ciertos desafíos del liderazgo.

Hay cuatro desafíos que Dios le enseña a Josué a dominar antes de permitirle cruzar el río Jordán y liderar a su pueblo para que conquiste la tierra prometida. Tú y yo los debemos dominar también y son los siguientes:

a. Una inseguridad que vencer (v. 8).

b. Un liderazgo que ejercer (vv. 6 y 14).

c. Una percepción que romper (v. 7).

d. Un movimiento que hacer (v. 15b).

### a.    Una inseguridad que vencer (v. 8)

En primer lugar, Josué, tú y yo tenemos una inseguridad que vencer. Tú sabes de lo que estoy hablando: los líderes pujantes, sobresalientes, de primer nivel, muchas veces vivimos con una inseguridad en lo profundo del corazón. Nos preguntamos: *¿Seremos lo suficientemente buenos? ¿Nos saldrá el proyecto lo suficientemente bien? ¿Estamos trabajando lo suficientemente fuerte? ¿Seremos lo suficientemente exitosos?*

Muchos de nosotros hemos llegado a donde estamos porque nunca estamos totalmente seguros de que hemos hecho nuestro trabajo lo suficientemente bien, y eso nos lleva a ser extremadamente competentes (en inglés, *overachievers*). Siempre creemos que lo podemos hacer mejor.

Sin embargo, esa inseguridad, dice Anna Guastello al hablar de la famosísima consultora McKinsey & Co., nos lleva a «luchar para encontrar la felicidad, el equilibrio y el éxito sostenido». Somos inconsistentes, siempre tratamos de estar «compensando» alguna falla, experimentamos caos interno, tememos a la confrontación y —para colmo— ¡estamos orgullosos de ser supercompetentes, inseguros de nosotros mismos![6]

Josué se sentía profundamente inseguro en su posición. Le parecía que los zapatos de Moisés le quedaban demasiado grandes. Lo sabemos, porque Dios mismo le tiene que decir en el versículo 5 del capítulo 1: «... yo estaré contigo como estuve con Moisés. No te fallaré ni te abandonaré...», en el versículo siguiente lo tiene que animar: «Sé fuerte y valiente»; en el versículo siguiente (el 7), le dice: «Sé fuerte y muy valiente...» y en el versículo 9 le vuelve a repetir: «¡Sé fuerte y valiente! No tengas miedo ni te desanimes...».

Hasta los mismos israelitas se dan cuenta de la profunda inseguridad de Josué, y en el versículo 18 del capítulo 1 le dice: «... Así que, ¡sé fuerte y valiente!».

Esa es la razón por la que yo creo que en el versículo 8 del capítulo 2 Dios confronta a Josué con uno de los grupos de personas con más poder entre el pueblo de Israel: los sacerdotes. Le manda a darles una orden a los sacerdotes, a establecer su autoridad sobre ellos como heredero del liderazgo de Moisés. Eso, justo después de haberle dicho: «A partir de hoy, empezaré a convertirte en un gran líder a los ojos de todos los israelitas. Sabrán que yo estoy contigo, tal como estuve con Moisés».

Si tienes ese sentimiento de inseguridad en tu corazón, es hora de vencerlo; y la forma de hacerlo no es tomándote tres píldoras de Actitud Mental Positiva. La forma de vencer la inseguridad interior es hacer lo mismo que hizo Josué: obedecer y confiar. Dice Proverbios 3.5–6: «Confía en el SEÑOR con todo tu corazón; no dependas de tu propio entendimiento. Busca su voluntad en todo lo que hagas, y él te mostrará cuál camino tomar» (NTV).

Cuando pequeños cantábamos una alabanza cuyo coro decía: «Obedecer y confiar en Jesús es la regla marcada para andar en la luz».

Presta atención a la letra de estas dos estrofas de este antiguo himno:

Para andar con Jesús no hay senda mejor
Que guardar sus mandatos de amor;

Obedientes a Él siempre habremos de ser,
Y tendremos de Cristo el poder.

Obedecer, y confiar en Jesús,
Es la regla marcada
Para andar en la luz.

Quien siguiere a Jesús ni una sombra verá,
Si confiado su vida le da,
Ni terrores ni afán, ni ansiedad ni dolor,
Pues lo cuida su amante Señor.[7]

Cuando sabemos lo que tenemos que hacer porque conocemos su Palabra, entendemos su voluntad y, luego, hacemos sin dudar la orden recibida, podemos sobreponernos a nuestra inseguridad personal. Podemos confrontar nuestras dudas, los líderes y la gente con la que nos sentimos intimidados y confiar en el Señor por los resultados, sabiendo que no depende de nosotros el triunfo sino totalmente de Él.

### b. Un liderazgo que ejercer (vv. 6 y 14)

El versículo 6 dice que por la mañana Josué les dijo a los sacerdotes: «Levanten el arca del pacto y guíen al pueblo hasta el otro lado del río». Así que ellos se pusieron en marcha y *fueron delante del pueblo*» (NTV, cursivas mías). Luego, en el versículo 14, se nos dice nuevamente: «Entonces los israelitas salieron del campamento para cruzar el Jordán, y los sacerdotes que llevaban el arca del pacto *iban delante de ellos*» (NTV, cursivas mías).

Los líderes van primero. Siempre. Si quieres tener un liderazgo económico exitoso en tu iglesia, organización o empresa, tú vas a tener que ser el modelo.

El liderazgo no tiene nada que ver con nuestra personalidad. Tiene que ver con nuestro comportamiento. En su famosísimo *best seller*,

*The Leadership Challenge* [El desafío del liderazgo], Jim Kouzes y Barry Posner dicen: «Los títulos se otorgan, pero es tu comportamiento lo que te gana el respeto de los demás [...] Los títulos no te convierten en un líder. Es tu comportamiento lo que hace la diferencia».[8]

Los autores (están entre los veinte mejores mentores de liderazgo en Estados Unidos), enfatizan que uno debe «modelar el camino a seguir», si quiere ser un excelente líder empresarial.

Aunque ya lo dijimos anteriormente, lo repito: si queremos que nuestro personal gaste moderadamente, nosotros debemos hacerlo primero. Si queremos que nuestra gente no use propiedad de la empresa para su familia, nosotros no debemos hacerlo. Si no queremos que la gente haga llamadas personales de larga distancia con teléfonos de nuestra organización, nosotros tampoco lo debiéramos hacer. Nosotros modelamos el comportamiento de nuestra gente. Vamos primero. Siempre. Te guste o no.

## c. Una percepción que romper (v. 7)

En el versículo 7 Dios le dice a Josué que no tiene que preocuparse sobre cuál es su imagen personal delante del liderazgo del pueblo de Israel y delante del pueblo mismo. Dios se encargará de ello. Y le dice: «A partir de hoy, empezaré a convertirte en un gran líder a los ojos de todos los israelitas».

La verdad es que no necesitamos preocuparnos de cómo nos vemos. Por ejemplo: no digo que no tengamos que vestirnos a la moda o con ropa de primera. Pero si nuestra identidad, nuestra seguridad interior y nuestra sensación de lo valioso que somos están dados por la ropa que vestimos, vamos por el camino equivocado. Hay algo que no está bien en nosotros.

Nuestra identidad, nuestra seguridad y nuestro valor como líderes y personas deben estar dados por quiénes somos *en Cristo*. Si Dios es por nosotros, nadie podrá contra nosotros. Tenemos que liderar parados sobre la Roca y no sobre las apariencias o nuestra imagen (de nuevo: no digo que cuidar de nuestra apariencia sea algo malo, en absoluto. Hablo de cuál debe ser la *fuente* de nuestra identidad y seguridad).

Cuando estamos alineados al liderazgo de Jesucristo en nuestra empresa u organización, Él hará que nos veamos como grandes líderes a los ojos del pueblo. Tranquilos... Podemos descansar y no sentirnos estresados.

### d.   Un movimiento que hacer (v. 15b)

Finalmente, el último desafío del liderazgo que este pasaje nos dice que tenemos que dominar es el del sacrificio personal. Aquí volvemos al comienzo de este capítulo y a la cita de John Maxwell que dice que un líder debe **ceder** para **ascender**.

En el versículo 15 leemos que cuando los pies de los sacerdotes que llevaban el arca entraron en el agua, el río Jordán detuvo su corriente y el pueblo entró en la promesa de Dios por tierra seca. Alguien se tiene que sacrificar para que las cosas se puedan hacer. Alguien se tiene que ir primero y dar el primer paso de fe y sacrificio para que el milagro pueda ocurrir. Y ese alguien no es el pueblo.

Hace años, al final de una conferencia para líderes en una gran ciudad del norte de México, se me acercó la esposa de un abogado al que llamaremos Juan Carlos. Quería saber si podría encontrarme con su esposo al día siguiente para desayunar. Yo, por supuesto, acepté con gusto.

Al día siguiente Juan Carlos me contó su dilema. Tenía un bufete de abogados con otros cuatro socios. Me dijo que les había ido muy bien en el negocio. (Luego supe que era la firma de abogados más grande de la ciudad). El problema era que él había estado leyendo en la Biblia que uno no debe unirse en «yugo desigual» con los incrédulos y sus socios no eran seguidores de Jesús.

Sus preguntas eran: 1) ¿Se aplica ese pasaje de 2 Corintios 6.14 también a los negocios o es solamente para cuestiones matrimoniales? 2) Si se aplica al negocio, ¿qué se debería hacer en su caso?

Al estudiar el pasaje, nos dimos cuenta de que el versículo que estaba leyendo expresaba un principio que debía aplicarse a todas las áreas de la vida y no solamente al matrimonio. En segundo lugar, después de hacer varias preguntas nos dimos cuenta de que Juan Carlos sí había establecido una relación de «yugo desigual» en su sociedad (no todas las sociedades están armadas de esa manera).

Finalmente, con respecto a lo que debería hacer, le dije que debía volver a su casa, tomar nuevamente las Escrituras y pedirle al Espíritu Santo que le dijera lo que tenía que hacer, que yo no podía hacerlo. Ese era un asunto entre él y Dios, a la luz de su Palabra. Ese día salí de la ciudad.

Al año siguiente volví para otra conferencia, pero un par de días antes de volar, el organizador del evento me dijo que había un abogado que me andaba buscando. Le pregunté si estaba contento o enojado porque nadie quiere encontrarse con un abogado enojado, ¿no?

Luego que me aseguró que el hombre estaba feliz, me preguntó si podía ir a buscarme al aeropuerto para llevarme a su casa, yo le dije que, por supuesto, no tenía ningún problema. Cuando Juan Carlos me pasó a buscar y me llevó a su casa, comenzó a contarme lo que había ocurrido desde nuestra conversación de hacía un año. Me dijo que había vuelto a su casa y al estudiar el asunto a la luz de la Biblia había tenido la absoluta convicción de que estaba en una sociedad incorrecta. Así que juntó a sus amigos y a su familia y les dio la noticia de que se iba a salir de la sociedad.

Lo primero que sus amigos hicieron fue preguntarle si se había vuelto loco. Le recordaron que esa era la firma de abogados más grande de la ciudad y que él tenía una familia por la cual velar. Que perdería dinero y que estaba arriesgando seriamente su futuro profesional. Él les aseguró que tenía la convicción bíblica de lo que se tenía que hacer y que no había otro camino más que renunciar al bufete.

En este punto, Juan Carlos me miró a los ojos y me dijo: «Déjeme contarle lo que ocurrió».

«En primer lugar», me dijo, «me llevo mejor con mis hijos. Antes, casi nunca los veía porque trabajaba desde el amanecer hasta la noche. Ahora que trabajo en casa, me levanto, les preparo su desayuno, los llevo a la escuela y luego los voy a buscar. Jugamos juntos por la tarde, y les ayudo en sus tareas. ¡He redescubierto a mis hijos! Tengo tres... ¡yo pensaba que tenía solamente dos!».

Luego de reírnos juntos, prosiguió: «Me llevo mejor con mi esposa. Ella también es abogada, pero no podía ejercer porque alguien tenía que cuidar de los chicos. Ahora que estoy en casa, trabajamos juntos. Le he construido su oficina en el comedor de la casa y yo puse la mía en el garaje. Pasamos mucho más tiempo juntos y estamos experimentando el mejor momento de nuestro matrimonio».

Por último, me miró con complicidad en sus ojos y me dijo mientras me hacía un guiño: «Y estoy haciendo más dinero».

«¿Cóóómo?», le pregunté, sorprendido.

«Sí, Andrés, ¡estoy haciendo más dinero!».

«Pero, ¿cómo puede ser?».

«Bueno», me explicó, «hay dos razones principales. La primera, es que cuando nos salimos de la sociedad nos dimos cuenta de que mis socios me estaban robando. Estaban pasando gastos que, en realidad, no existían, pero yo no me daba cuenta porque estaba demasiado ocupado. Ahora que nosotros manejamos nuestro negocio en casa, somos muy cuidadosos con los gastos».

Hizo una pausa y, finalmente, me dijo con un tono de incredulidad: «La segunda razón, es que cuando yo le dije a todo el mundo que me salía de la empresa, como todos saben que soy un cristiano "hecho y derecho", ¡todas las cuentas más grandes de la compañía se vinieron conmigo!».

»¡Me llevo mejor con mis hijos, me llevo mejor con mi esposa y estoy haciendo más plata! Qué tremenda verdad de la Palabra de Dios cuando dice: "Fíate de Jehová de todo tu corazón, y no te apoyes en tu propia prudencia. Reconócelo en todos tus caminos, y él enderezará tus "veredas"» (Proverbios 3.5–6, RVR1960).

Siempre que hablo de la importancia de estar dispuestos a sacrificarnos para que nuestra empresa y nuestra familia puedan entrar en la promesa de Dios recuerdo la historia de Juan Carlos y la de tantos otros. Solamente cuando los líderes están dispuestos a mojarse los pies es que el pueblo puede pasar por tierra seca.

Eso es fácil de decir o de predicar, pero es muy difícil de vivir. En el contexto del liderazgo vertical en el que hemos crecido y de los estratos sociales tan marcados en los que hemos vivido, es muy difícil para nosotros como líderes abrazar el concepto del sacrificio personal: la idea de perder para ganar. Preferimos que nos cuiden y nos protejan. Preferimos estar siempre a salvo en la retaguardia, y dejar que los soldados rasos se enfrenten con el enemigo.

Sin embargo, si vamos a llevar a nuestra organización, iglesia o negocio a un lugar donde nunca ha estado antes, vamos a tener que empezar a preguntarle al Señor cuál es el sacrificio que tenemos que realizar. Por dónde vamos a tener que empezar a mojarnos los pies para que el pueblo pueda pasar por tierra seca.

Proverbios 22.4 dice: «Recompensa de la humildad y del temor del Señor son las riquezas, la honra y la vida» (NVI). Y Jesús, en Mateo 11.29: «... aprended de mí, que soy manso y humilde de corazón» (RVR1960). Y Santiago 4.6 nos advierte: «... Dios resiste a los soberbios, y da gracia a los humildes» (RVR1960).

¿Estás dispuesto a pagar el precio de la promesa? Entonces vivirás bajo la gracia de Dios tú, tu negocio, tu ministerio y tu familia, hasta la tercera y cuarta generación.

## ESTA LEY EN LAS ESCRITURAS...

De cierto, de cierto os digo, que si el grano de trigo no cae en la tierra y muere, queda solo; pero si muere, lleva mucho fruto. (Juan 12.24, RVR1960)

## EVALUACIÓN PERSONAL

1. ¿Cuáles son los sacrificios que debería comenzar a hacer como líder de mi empresa?

_____

_____

_____

_____

2. ¿Cuáles son los sacrificios que debería comenzar a hacer como líder de mi hogar?

_____

_____

_____

_____

_____

3. ¿Cuál sería un problema en el que me he dado cuenta de que tengo que «salir de mi lugar» y hacer cosas que nunca he hecho antes?

_____

_____

_____

_____

_____

_____

_____


4.  ¿Cuál sería el principio bíblico que se aplica a ese problema mencionado en la pregunta anterior?

_____

_____

_____

_____

_____

_____


5.  ¿Cómo podría incorporar en forma práctica estas leyes al negocio/la organización que lidero?

_____

_____

_____

_____

_____

_____


6.  ¿Cómo podríamos sistematizar su implementación?

_____

_____

_____

_____

_____

_____

_____

7. ¿Cómo afectarán las enseñanzas de «dominarnos a nosotros mismos» —integridad, honestidad y santidad— a la forma en la que estamos tomando decisiones económicas en la empresa?

_____

_____

_____

_____

_____

_____

_____

8. ¿Qué desafíos del liderazgo me falta aún por conquistar?

_____

_____

_____

_____

_____

_____

## ESTUDIO DE CASO[9]

_Juan contrató a un consultor en tecnología de informática para que le diseñara un reporte en algún programa de computadora que le permitiera realizar un informe de inventario y finanzas de un negocio de bienes raíces que constituyó con su socio Nicolás. Cuando Juan y Nicolás crearon la compañía, el consultor trabajó el reporte en un software comercial ya existente y, como la empresa se estaba estableciendo en otra ciudad, muy lejos de donde el consultor vivía, les dejó una copia del software comercial en el que había creado el reporte para que pudiesen comenzar a operar el negocio con las herramientas necesarias._

*Casi un año después, cuando trataron de conseguir un manual operativo para el programa mencionado, descubrieron que habían estado violando las leyes de derechos de autor de software todo ese tiempo. El consultor no había recibido una licencia para copiar el programa que se estaba usando; por lo tanto, se estaban usando copias ilegales del software comercial original.*

*Como no sabían casi nada del tema, estaban confundidos sobre qué se debería hacer frente a esa situación.*

## Análisis

1. Define el problema real y de raíz que tienen Juan y Nicolás en sus manos:

   _____

   _____

   _____

   _____

   _____

   _____

2. Identifica las partes (personas, individuos, entidades) involucradas en el problema:

   _____

   _____

   _____

   _____

   _____

   _____

   _____

3. Describe las circunstancias especiales que presenta este estudio de caso y las consecuencias potenciales de cada posible decisión alternativa que se vaya a tomar:

_____

_____

_____

_____

_____

_____

_____

## Perspectiva bíblica

Reconociendo que cada dueño/gerente cristiano es un «sacerdote» en su lugar de trabajo y cada empresa de un cristiano le pertenece a Jesucristo, lee la siguiente historia bíblica y contesta las preguntas que vienen inmediatamente:

> Durante el reinado de David hubo tres años consecutivos de hambre. David le pidió ayuda al SEÑOR, y él le contestó: «Esto sucede porque Saúl y su sanguinaria familia asesinaron a los gabaonitas.»
>
> Los gabaonitas no pertenecían a la nación de Israel, sino que eran un remanente de los amorreos. Los israelitas habían hecho un pacto con ellos, pero tanto era el celo de Saúl por Israel y Judá que trató de exterminarlos. Entonces David convocó a los gabaonitas y les preguntó:
>
> —¿Qué quieren que haga por ustedes? ¿Cómo puedo reparar el mal que se les ha hecho, de modo que bendigan al pueblo que es herencia del SEÑOR?
>
> Los gabaonitas respondieron:

—No nos interesa el dinero de Saúl y de su familia, ni tampoco queremos que muera alguien en Israel.

—Entonces, ¿qué desean que haga por ustedes? —volvió a preguntar el rey.

—Saúl quiso destruirnos —contestaron ellos—; se propuso exterminarnos y nos expulsó de todo el territorio israelita. Por eso pedimos que se nos entreguen siete de los descendientes de Saúl, a quien el SEÑOR escogió, para colgarlos en presencia del SEÑOR en Guibeá de Saúl.

—Se los entregaré —les prometió el rey.

Sin embargo, por el juramento que David y Jonatán se habían hecho en presencia del SEÑOR, el rey tuvo compasión de Mefiboset, que era hijo de Jonatán y nieto de Saúl. Pero mandó apresar a Armoní y a Mefiboset, los dos hijos que Rizpa hija de Ayá había tenido con Saúl, y a los cinco hijos que Merab hija de Saúl había tenido con Adriel hijo de Barzilay, el mejolatita. David se los entregó a los gabaonitas, y ellos los colgaron en un monte, en presencia del SEÑOR. Los siete murieron juntos, ajusticiados en los primeros días de la siega, cuando se comenzaba a recoger la cebada.

Rizpa hija de Ayá tomó un saco y lo tendió para acostarse sobre la peña, y allí se quedó desde el comienzo de la siega hasta que llegaron las lluvias. No permitía que las aves en el día ni las fieras en la noche tocaran los cadáveres. Cuando le contaron a David lo que había hecho Rizpa hija de Ayá y concubina de Saúl, fue a recoger los huesos de Saúl y de su hijo Jonatán, que estaban en Jabés de Galaad.

Los filisteos los habían colgado en la plaza de Betsán el día en que derrotaron a Saúl en Guilboa, pero los habitantes de la ciudad se los habían robado de allí. Así que David hizo que los trasladaran a Jerusalén, y que recogieran también los huesos de los siete hombres que habían sido colgados. Así fue como los huesos de Saúl y de su hijo Jonatán fueron enterrados en la tumba de Quis, el padre de Saúl, que está en Zela de Benjamín. Todo se hizo en cumplimiento de las órdenes del rey, y después de eso Dios tuvo piedad del país. (2 Samuel 21.1–14, NVI)

Responde, a la luz de la historia leída:

1. ¿Qué acción debería tomarse frente a la situación creada con respecto al *software*?

   _____

   _____

   _____

   _____

   _____

   _____

2. 1 Corintios 10.31 nos dice que todo lo que hagamos debemos hacerlo para la gloria de Dios, incluso las decisiones que tomamos en nuestro lugar de trabajo. Entonces, ¿cómo podría honrarse a Dios en la medida en la que uno toma esa decisión?

   _____

   _____

   _____

   _____

   _____

   _____

Aplicación práctica

A la luz de este estudio de caso:

1.  ¿Qué podrías aplicar a tu propia organización, ministerio o lugar de trabajo?

    _____
    _____
    _____
    _____
    _____
    _____

2.  ¿Hay algo en el área operativa que quizás tengas que cambiar en tu organización?

    _____
    _____
    _____
    _____
    _____

3.  ¿Hay algo que debería cambiar en ti?

    _____
    _____
    _____
    _____
    _____

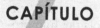

# LA
# LEY
# UNIVERSAL
# DE LA ELECCIÓN

UNO LE PUEDE QUITAR TODO A UN SER
HUMANO, EXCEPTO EL PODER PARA DECIDIR.[1]

**—VIKTOR FRANKL**

El pueblo de Israel es un perfecto ejemplo de cómo en momentos cruciales de nuestras vidas nos vemos confrontados por la Ley universal de la elección. Y debemos decidir.

Hace algunos años, mientras estudiaba la parábola del hijo pródigo desde un punto de vista financiero, descubrí que la historia comienza con lo que, eventualmente, llamé la Ley universal de la elección. Jesús comienza a contar esta parábola indicando que «un hombre tenía dos hijos».

Entonces me pregunté por qué Jesús diría «dos». Él podría haber dicho «tres», el número correspondiente a la Trinidad; «siete», el número perfecto; «seis», el número imperfecto... Podría haber dicho que tenía «doce» hijos, como las doce tribus de Israel o los doce apóstoles. Podría haber dicho «cuarenta» hijos, otro número importante en la Biblia. O simplemente podría haber dicho: «un hombre tenía varios hijos y el más joven le dijo a su padre...». ¿Por qué dijo «dos»?

Se me ocurre que dijo «dos» porque quería enfatizar justamente esta Ley universal de la elección. Cada uno de nosotros tenemos el poder para decidir sobre nuestro propio futuro. Podemos elegir la vida o la muerte, el bien o el mal, la bendición o la maldición, el bienestar o la miseria. Creo que al decir que el padre tenía dos hijos, Jesús se proveyó de la oportunidad de enfatizar, por comparación y contraste, las elecciones que habrían de tomar en la vida cada uno de los dos herederos.

La Ley universal de la elección ha existido desde el eterno pasado. Desde antes de la creación del universo. Se aplicó a la vida de los ángeles, cuando voluntariamente Lucifer y sus adeptos decidieron rebelarse contra Dios. Se aplicó también a la vida de los seres humanos cuando Adán y Eva decidieron desobedecer a Dios y morir espiritualmente. Todos tenemos la capacidad de elegir en la vida. Nadie está destinado a ser pobre ni rico, bueno o malo, tener abundancia o vivir en la miseria, ser exitoso en el negocio/ministerio o implosionar estrepitosamente.

Moisés se encuentra frente al pueblo de Israel en tierra de Moab, al este del río Jordán. Estas son sus últimas palabras (en Deuteronomio). El líder de Israel no entrará a la tierra prometida como consecuencia de su desobediencia. Ahora les dice: «Mira, yo he puesto delante de ti hoy la vida y el bien, la muerte y el mal...» (Deuteronomio 30.15, RVR1960).

Lo mismo hizo Josué con el pueblo de Israel: les dio la elección de servir al Dios verdadero o al de los amorreos. Sin embargo, les expresó claramente la decisión que él y su familia habían hecho: ellos servirían a Dios.

Al terminar de leer este libro necesitas tomar una decisión: ¿qué vas a hacer con este material? ¿Lo vas a guardar? ¿Lo vas a compartir? ¿Lo vas a implementar? Tú debes tomar la decisión. Nadie más lo puede hacer por ti.

No seas como ese hombre que cuando se casó se puso de acuerdo con la esposa en que las decisiones importantes las tomaría él y las fáciles las tomaría su esposa. Luego de veinte años, cuando le preguntaron cómo le funcionó su acuerdo, dijo: «¡Magnífico! En todos estos años ¡no ha habido ninguna decisión importante que haya tenido que tomar!».[2]

Tú no puedes pasarles la pelota a tus líderes. Cuando llega el momento de tomar decisiones, la responsabilidad es tuya.

## LO MEJOR EN LUGAR DE LO MUY BUENO

A veces debes elegir *lo mejor* en vez de *lo muy bueno*. Cuando en 1934 Walt Disney lanzó la película de dibujos animados con Blancanieves, uno de sus legendarios artistas, Ward Kimball —que en esa época tenía solamente veintidós años— había estado trabajando en una secuencia de cuatro minutos y medio por doscientos cuarenta días.

Cincuenta años después, Kimball todavía recordaría con dolor el día que Disney lo llamó a su oficina y le dijo: «No sé cómo decirte esto, Ward. Me encanta la secuencia, pero la vamos a tener que sacar de la película. Se está entrometiendo con el ritmo de la historia».[3]

Puede que la manera en la que estás tomando decisiones económicas hasta ahora te haya funcionado bien. Pero en este libro te presento el mejor camino. Abrázalo.

## PIERDE LA BATALLA, GANA LA GUERRA

También, a veces necesitas elegir el dolor de perder una batalla para obtener el gozo de ganar la guerra.

Klyne Snodgrass cuenta que durante la Segunda Guerra Mundial, Winston Churchill se vio obligado a tomar una decisión extremadamente dolorosa. El servicio secreto británico había descifrado el famoso código nazi de las máquinas «Enigma» e informaron a Churchill que los alemanes iban a bombardear la ciudad de Coventry (donde vivían unas doscientas mil personas).

El primer ministro tenía dos alternativas: 1) evacuar a los ciudadanos y salvar cientos de vidas, lo que pondría en evidencia que los británicos habían descifrado el código secreto de los nazis; o 2) no decir nada, permitir que murieran cientos de inocentes y así, quizás, salvar muchísimas más vidas al permitir que la información secreta siguiera fluyendo. La decisión no era fácil pero fue Churchill el que tuvo que elegir. Y eligió la segunda opción.[4]

No es fácil para un líder tomar la decisión de perder una batalla para ganar una guerra. Pero eso es lo que se espera de nosotros. Tomar la decisión de sacrificarnos el día de hoy para poder llevar a nuestra empresa u organización a un nivel más alto el día de mañana. Piensa: ¿cuáles son los sacrificios a los que vas a tener que llevar a tu empresa hoy para estar mucho mejor mañana?

## VIKTOR FRANKL Y EL PODER PARA DECIDIR

Para terminar, permíteme contarte una historia que es muy especial para mí. La he expuesto a mis lectores en varios de mis libros y, siempre que puedo, la cuento en mis conferencias. La primera vez que la leí, la incluí en mi libro *¿Cómo llego a fin de mes?* y la tomé originalmente de un libro de Stephen Covey. Es la historia de Viktor Frankl.

Frankl era un *psiquiatra determinista*: él creía que las cosas que a uno le ocurrían cuando niño determinaban cómo iba a ser en la edad adulta. Para cada acción, existe una reacción; para cada estímulo, una respuesta. Una vez que los parámetros de la personalidad estaban establecidos no había mucho que uno pudiera hacer más adelante para cambiarlos.

Frankl cayó prisionero de los nazis y fue llevado con su familia a un campo de concentración. Casi todos sus parientes perecieron en el campo y Viktor fue víctima de numerosas torturas y horribles presiones sin saber si viviría para ver una nueva mañana. Un día, solo y desnudo en un rincón del pequeñísimo cuarto donde lo tenían encerrado, descubrió lo que él mismo llamó más adelante «la última de las libertades del hombre» (una libertad que nadie jamás le podría quitar).

Viktor Frankl se dio cuenta de que los nazis tenían el poder para controlar todo su entorno, todo el ambiente en el que él se movía, pero no tenían el poder para controlar cómo él mismo reaccionaría frente a la situación en la que se encontraba. *Él todavía tenía la libertad de decidir de qué manera esa situación le afectaría interiormente.*

Es cierto lo que decimos más arriba: para cada acción, existe una reacción; para cada estímulo, una respuesta. Pero Viktor Frankl, en medio de los horrores del campo de concentración nazi, descubrió un principio fundamental de la naturaleza humana: *entre el estímulo y la respuesta, el ser humano tiene libertad de elección, tiene el poder para decidir.*[5]

Nosotros tenemos el poder para decidir comenzar a actuar con principios diferentes; por ejemplo, obedecer estos principios eternos de manejo económico que te he enseñado. Si los obedecemos, como leemos en Deuteronomio 28, recibiremos los beneficios de la gracia divina. Si los rechazamos, simplemente viviremos las consecuencias de nuestra propia testarudez.

Dice un refrán popular que «uno puede llevar el caballo hasta el agua, pero no puede obligarlo a beber». Después de haber trabajado con tantos líderes ministeriales y empresariales alrededor del mundo no tengo dudas de que eso es una gran verdad.

Tú tienes hoy el poder para decidir cómo vas a tomar decisiones en el futuro.

Cada uno de nosotros tenemos la posibilidad de elegir. Puedes decidir tomar notas, hacer los trabajos prácticos y llevar estas ideas a tu equipo de líderes. O puedes decidir que has perdido tu tiempo y no te interesa practicar en tu vida nada de lo que has aprendido en estas páginas.

Es tu elección.

Nadie puede tomar esa decisión por ti. Ni tus líderes ni tu esposa. Ni siquiera aquella persona que te provee cobertura puede decidir en tu lugar. Es tu elección personal.

¿Qué harás con este conocimiento?

¿Cuáles son las decisiones que debes tomar antes de cerrar este libro y dejarlo nuevamente sobre la mesa?

Ahora ya tienes suficiente información teórica, ejemplos de la Biblia, casos de estudio y orientación práctica. Te hemos traído al agua. ¿Beberás?

Moisés termina diciéndole al pueblo:

A los cielos y a la tierra llamo por testigos hoy contra vosotros, que os he puesto delante la vida y la muerte, la bendición y la maldición; escoge, pues, la vida, para que vivas tú y tu descendencia. (Deuteronomio 30.19, RVR1960)

Hemos colocado delante de ti la vida y la muerte; la abundancia y la escasez; el crecimiento y el estancamiento. Elige el crecimiento, la abundancia y la vida para que entres en la promesa de Dios y seas feliz tú, tus hijos y tus nietos hasta la tercera y cuarta generación.

El camino no será fácil. ¡Pero vale la pena!

# ACTIVIDAD PRÁCTICA Y AUTOEVALUACIÓN

## EVALUACIÓN PERSONAL

Repasemos lo aprendido:

| CAPÍTULO | LEYES IRREFUTABLES | DEFINICIÓN PERSONAL (MÍA) | PERSONAJE BÍBLICO |
|----------|---------------------|----------------------------|--------------------|
| 1 | La **LEY** del **TOPE** | Una organización nunca crecerá más que su propia capacidad de liderazgo. | Roboam |
| 2 | La **LEY** de la **NAVEGACIÓN** | Cualquiera puede pilotear un barco, pero solo un líder puede marcar el curso. | Moisés |
| 3 | La **LEY** del **PROCESO** | El éxito instantáneo no existe. Un éxito económico requiere un *proceso*. | Salomón |
| 4 | La **LEY** de la **CONEXIÓN** | La sinergia de una alianza saludable es más productiva que la suma de los resultados que pudiesen obtener sus partes individuales. | Josafat |
| 5 | La **LEY** de las **PRIORIDADES** | El trabajar mucho no necesariamente significa estar haciendo lo correcto. | Eliseo |
| 6 | La **LEY** del **SACRIFICIO PERSONAL** | El éxito económico de una organización requiere cierto sacrificio personal del líder. | Josué |
| 7 | La **LEY** universal de la **ELECCIÓN** | Entre el estímulo y la respuesta, todos tenemos el poder de elegir. | Israel |

¿Qué conceptos he aprendido en este libro sobre la forma en la que debemos tomar decisiones económicas en nuestra empresa/organización? ¿Qué debo implementar? (Mira tus notas y frases que hayas remarcado mientras leías el libro).

1. Capítulo 1: «La Ley del tope» y Roboam

   _____

   _____

   _____

   _____

   _____

   _____

2. Capítulo 2: «La Ley de la navegación» y Moisés

   _____

   _____

   _____

   _____

   _____

   _____

   _____

3. Capítulo 3: «La Ley del proceso» y Salomón

   _____

   _____

   _____

   _____

   _____

   _____

4. Capítulo 4: «La Ley de la conexión» y Josafat

   _____

   _____

   _____

   _____

   _____

5.  Capítulo 5: «La Ley de las prioridades» y el esposo de la viuda en 2 Reyes 4

_____

_____

_____

_____

_____

_____

6.  Capítulo 6: «La Ley del sacrificio personal» y Josué

_____

_____

_____

_____

_____

_____

7.  Capítulo 7: «La Ley universal de la elección»

_____

_____

_____

_____

_____

8.  ¿Con quién puedo crear un equipo de trabajo para incorporar cambios?

_____

_____

_____

_____

_____

9.  ¿Cuál sería un cambio fácil de implementar?

_____

_____

_____

_____

_____

_____

10. ¿Qué tipo de políticas empresariales/ministeriales debería comenzar a implementar?

_____

_____

_____

_____

_____

11. ¿Qué debería dejar de hacer?

_____

_____

_____

_____

_____

## ESTUDIO DE CASO[6]

_«¡Ya no quiero seguir más en el negocio!», dijo Jorge, el socio de Beto. «Tú has cambiado, y las cosas ya no son como antes... y eso no me gusta para nada. Desde que empezaste con este asunto del cristianismo las cosas han empezado a ir de mal en peor. ¡O me vendes tus acciones o yo te vendo las mías!»._

El negocio de Beto había sido originalmente de su padre, que se lo transfirió como parte de su heredad. Cuando Beto decidió traer a su amigo Jorge a la empresa lo hizo socio igualitario y las cosas al principio funcionaron aparentemente bastante bien.

Cuando Beto le entregó su vida a Cristo, su socio fue el primero en enterarse. Eventualmente, también Jorge terminó convirtiéndose. Y cuando Beto decide dedicar el negocio a Jesús, Jorge fue uno de los que se mostró más entusiasmado con la idea.

Sin embargo, no mucho tiempo después, los socios comenzaron a tener dificultades corporativas. Por un lado, las ventas de una nueva línea de productos comenzaron a decaer rápidamente. Por otro, apareció otra oportunidad de negocios que exigía una importante reasignación de recursos.

En este contexto, Beto y Jorge descubrieron que, a pesar de que los dos amaban al Señor a su manera, la forma de analizar los problemas y tomar decisiones sobre oportunidades de negocios eran muy distintas. ¿Qué debería hacer Beto frente a la propuesta de Jorge?

## Análisis

1. Define el problema real y de raíz que tienen estos amigos/socios en sus manos:

   _____

   _____

   _____

   _____


2. Identifica las partes (personas, individuos, entidades) involucradas en el problema:

   _____

   _____

_____

_____

_____

_____

_____

3. Describe las circunstancias especiales que presenta este estudio
   de caso y las consecuencias potenciales de cada posible decisión:

   _____

   _____

   _____

   _____

   _____

   _____

## Perspectiva bíblica

Lee los siguientes versículos de la Biblia (de la Nueva Versión
Internacional) y contesta las preguntas que siguen:

No nos cansemos de hacer el bien, porque a su debido
tiempo cosecharemos si no nos damos por vencidos. Por lo
tanto, siempre que tengamos la oportunidad, hagamos
bien a todos, y en especial a los de la familia de la fe. (Gálatas 6.9–10)

Hermanos, cada uno permanezca ante Dios en la condición
en que estaba cuando Dios lo llamó. (1 Corintios 7.24)

En realidad, ya es grave falla el solo hecho de que haya pleitos
entre ustedes. ¿No sería mejor soportar la injusticia? ¿No
sería mejor dejar que los defrauden? (1 Corintios 6.7)

Si es posible, y en cuanto dependa de ustedes, vivan en paz con todos. (Romanos 12.18)

Por lo tanto, esforcémonos por promover todo lo que conduzca a la paz y a la mutua edificación. (Romanos 14.19)

Hay quien pretende ser rico, y no tiene nada; hay quien parece ser pobre, y todo lo tiene. (Proverbios 13.7)

La respuesta amable calma el enojo, pero la agresiva echa leña al fuego. (Proverbios 15.1)

1. ¿Qué acción debería tomarse frente a esta situación?

_____

_____

_____

_____

_____

2. ¿Cómo podría honrarse a Dios en la medida en la que uno toma esa decisión?

_____

_____

_____

_____

_____

Aplicación práctica

A la luz de este estudio de caso:

1. ¿Qué podrías aplicar a tu propia organización, ministerio o lugar de trabajo?

_____

_____

_____

_____

_____

_____

2. ¿Hay algo con respecto a cómo manejas la empresa/organización que quizás tengas que cambiar?

_____

_____

_____

_____

_____

_____

3. ¿Hay algo que debería cambiar en ti?

_____

_____

_____

_____

_____

_____

# NOTAS

## Capítulo 1

1. John C. Maxwell, *Las 21 leyes irrefutables del liderazgo* (Nashville, TN: Grupo Nelson, 2011), p. 7.
2. «Enron Shareholders Look to SEC for Support in Court», *The New York Times*, 10 mayo 2007, http://www.nytimes.com/2007/05/10/business/worldbusiness/10iht-enron.1.5648578.html?_r=2&.
3. «The Role of the Board of Directors in Enron's Collapse», Permanent Subcomittee on Investigations of the Committee on Governmental Affairs, United States Senate, 8 julio 2002, p. 1, http://www.gpo.gov/fdsys/pkg/CPRT-107SPRT80393/pdf/CPRT-107SPRT80393.pdf.
4. Ibíd., p. 8.
5. Warren W. Wiersbe, *The Integrity Crisis* (Nashville: Thomas Nelson, 1991), pp. 75–76 [¿*Practica la iglesia lo que predica?: La integridad en crisis* (Miami: Vida, 1989)].
6. *Today in the Word* (Instituto Bíblico Moody, octubre 1991), p. 22. Traducción y adaptación del autor.
7. Tim LaHaye, *Temperamentos controlados por el Espíritu* (Miami: Unilit, 1986).
8. Francis Fukuyama, *Trust: The Social Virtues and the Creation of Prosperity* (Nueva York: Free Press, 1995), pp. 28–30 [*Confianza* (Buenos Aires: Atlántida, 1996)].
9. Fraternidad de Compañías de Cristo Internacional, estudio de caso 99.16. Usado con permiso.

## Capítulo 2

1. Maxwell, *Las 21 leyes irrefutables*, p. 8.
2. Félix Luna, *Breve historia de los argentinos* (Buenos Aires: Planeta, 1994).
3. Félix Luna, *Argentina se hizo así*, cuadernillo I (Buenos Aires: Agrupación de Diarios del Interior, 1993), pp. 40–41.
4. Ver The World Bank, «Poverty in Latin America & the Caribbean», www.worldbank.org/lacpoverty y «Poverty», http://data.worldbank.org/topic/poverty,

donde se puede investigar estadísticas por país y región, año e ingresos, entre otras variables.

5. Peter F. Drucker, *The Five Most Important Questions You Will Ever Ask About Your Organization* (San Francisco: Leader to Leader Institute, 2008), p. ix [*Las cinco preguntas más importantes que usted debe formularse sobre su organización sin fines de lucro* (Buenos Aires: Granica, 1997)].

6. El material en esta sección está adaptado de Andrés G. Panasiuk con Melvy de De León y Nilda Pérez, *La mujer que prospera* (Lake Mary, FL: Casa Creación, 2010), pp. 116–18. Usado con permiso del autor.

7. Bill Fay, «Small Business», Debt.org, http://www.debt.org/small-business.

8. Bill Fay, «How to Deal with Small Business Debt», Debt.org, http://www.debt.org/small-business/how-to-deal-with-debt.

9. Fraternidad de Compañías de Cristo Internacional, estudio de caso 99.34. Usado con permiso.

## Capítulo 3

1. Maxwell, *Las 21 leyes irrefutables*, p. 8.

2. El rey Salomón recibía 666 talentos en oro anuales de salario, según 1 Reyes 10.14–15 y 2 Crónicas 9.13–14. 1 talento = 30 kg; 1 kg = 32.15 onzas troy. 1 onza troy de oro = $1.400 USD. Por ende, el salario del rey Salomón era de aproximadamente 900 millones de dólares anuales (solo en salario, sin contar otras entradas).

3. Andrés G. Panasiuk, *Los siete secretos para el éxito* (Nashville: Grupo Nelson, 2004), p. 13.

4. Francis Fukuyama, *Confianza* (Buenos Aires: Atlántida, 1996).

5. Chris Fields, «How 5 CEOs Hire for Character» *Smart Recruiters*, 31 marzo 2014, http://www.smartrecruiters.com/blog/how-5-ceos-hire-for-character.

6. Robert Chavez, «Hire for Personality» (video), Harvard Business Review, 13 noviembre 2012, https://hbr.org/2012/11/hire-for-personality/.

7. Teodoro Roosevelt, citado en Robert Tanner, «Three Critical Leadership Lessons from the Roosevelts», Management is a Journey, https://managementisajourney.com/three-critical-leadership-lessons-from-the-roosevelts.

8. George S. Patton, «General George S. Patton, Jr. Quotations», The Official Website of General George S. Patton, Jr., http://www.generalpatton.com/quotes/index3.html.

9. Stephen Covey, *Principle-Centered Leadership* (Nueva York: Free Press, 1991), p. 212 [*El liderazgo centrado en principios* (Barcelona: Paidós, 1993)].

10. Alan S. Blinder y John Morgan, «Are Two Heads Better than One?: An Experimental Analysis of Group vs. Individual Decisionmaking», NBER Working Paper No.7909 (Cambridge, MA: National Bureau of Economic Research, 2000), p. 3, http://www.nber.org/papers/w7909.

11. Material resumido de Karl Menninger, *Whatever Became of Sin?* (Nueva York: Bantam, 1988), pp. 96, 97 [*¿Qué ha sucedido con el pecado?* (México: Diana, 1977)]; citando a Irving L. Janis, «Groupthink», *Psychology Today*, 5, no. 6 (noviembre 1971), pp. 43–46, 74–76.

12. Larry Burkett, Howard Dayton y Dave Rae, «Los negocios y la Biblia - Una guía completa para hombres y mujeres de negocios», estudio bíblico (Fraternidad de Compañías de Cristo Internacional, 2004), pp. 159–63.

13. Glenn Kessler, «Fact Checker: Do Nine Out of 10 New Businesses Fail, as Rand Paul Claims?», *The Washington Post*, 27 enero 2014, http://www.washingtonpost.com/blogs/fact-checker/wp/2014/01/27/do-9-out-of-10-new-businesses-fail-as-rand-paul-claims.

14. Mariano Grondona, «A Cultural Typology of Economic Development», citado en Lawrence E. Harrison y Samuel P. Huntington, *Culture Matters* (Nueva York: Basic Books, 2000), pp. 44–55 [*La cultura es lo que importa: Cómo los valores dan forma al progreso humano* (Buenos Aires: Ariel, Planeta, 2001)].

15. Dave Rae, «Visión, misión y valores de una empresa de éxito», taller enseñado como parte del evento «Principios de Éxito para la Empresa de Hoy», auspiciado por El Instituto para la Cultura Financiera.

16. Fraternidad de Compañías de Cristo Internacional, estudio de caso 99.42. Usado con permiso.

## Capítulo 4

1. Maxwell, *Las 21 leyes irrefutables*, p. 9.

2. Winston Churchill, citado en Stephane Garelli, *Top Class Competitors: How Nations, Firms and Individuals Succeed in the New World of Competitiveness* (West Sussex, Inglaterra: John Wiley & Sons, 2006), p. 217.

3. Marcos 8.35.

4. Juan 12.24–25. Ver también Romanos 6.3–13.

5. 2 Corintios 9.6.

6. Marcos 9.35. Ver también Filipenses 2.3–4.

7. Albert Einstein, citado en Giles Hutchins, *The Nature of Business: Redesign for Resilience* (Gabriola Island, BC, Canadá: New Society, 2013), p. 5.

8. Una paráfrasis de la filosofía expresada por Stephen Covey en su libro *Los 7 hábitos de la gente altamente efectiva* (Barcelona: Paidós Ibérica, 2005).

9. Michael Josephson, The Josephson Institute, «12 Ethical Principles for Business Executives», 23 enero 2015, http://www.standardizations.org/bulletin/?p=133.

10. Universidad de Virginia, Departamento de Recursos Humanos, «Writing S.M.A.R.T. Goals», Charlottesville, Virginia, Estados Unidos, http://www.hr.virginia.edu/uploads/documents/media/Writing_SMART_Goals.pdf.

11. Je' Czaja, «Examples of Successful Strategic Alliances», *The Houston Chronicle*, http://smallbusiness.chron.com/examples-successful-strategic-alliances-13859.html.

12. William H. Gillman, *The Selected Writings of Ralph Waldo Emerson*, New American Library (Nueva York: Penguin, 1965).

13. Fraternidad de Compañías de Cristo Internacional, estudio de caso 99.04, usado con permiso.

## Capítulo 5

1. Maxwell, *Las 21 leyes irrefutables*, p. 10.
2. Ver Andrés G. Panasiuk, *¿Cómo llego a fin de mes?* (Nashville: Grupo Nelson, 2006), pp. 15–16.
3. Ver más información y descripción de cada uno de los perfiles de personalidad DISC en la primera parte de mi libro *La mujer que prospera* (Lake Mary, FL: Casa Creación, 2010) o, en línea, en Alfredo Diez, «Estilos de comportamiento DISC», 31 enero 2011, http://www.slideshare.net/Alfredo10Diez/4-perfiles-disc-de-comportamiento?related=2.
4. Por sus siglas en inglés de la Liga de Ciudadanos Latinoamericanos Unidos, cuya misión es la de mejorar la situación económica, los logros educativos, la influencia política, la vivienda, la salud y los derechos civiles de la población hispana de Estados Unidos.
5. El *Super Bowl* es la final del campeonato nacional de fútbol americano, similar en popularidad al juego final del campeonato nacional de fútbol en nuestros países.
6. Material adaptado de Andrés G. Panasiuk, *La mujer que prospera* (Lake Mary, FL: Casa Creación, 2010), pp. 103–105.
7. Ver Mateo 16.24, «Entonces Jesús dijo a sus discípulos: Si alguno quiere venir en pos de mí, niéguese a sí mismo, y tome su cruz, y sígame» (RVR1960). Igualmente, ver Marcos 8.34 y Lucas 14.27.
8. Nancy Leigh DeMoss, *Rendición* (Grand Rapids: Portavoz, 2006), pp. 17–18.
9. Oswald Chambers, *My Utmost for His Highest - Daily Devotionals by Oswald Chambers* (Grand Rapids, MI: RBC Ministries), http://utmost.org/classic/after-surrender-what-classic, traducción del autor. Este libro también ha sido traducido al español. Ver Oswald Chambers, *En pos de lo supremo* (Barcelona: CLIE, 2007), entrada de 13 septiembre.
10. Historia imaginaria adaptada de Alice Gray, «Struggles», en *Stories for the Heart*, compilado por Alice Gray (Sisters: Multnomah, 1996), pp. 223–24.
11. Fraternidad de Compañías de Cristo Internacional, estudio de caso 99.06. Usado con permiso.

## Capítulo 6

1. Maxwell, *Las 21 leyes irrefutables*, p. 11.
2. Este dicho ha sido atribuido a muchas personas, entre ellas: Albert Einstein, Benjamin Franklin, Mark Twain, John y Linda Friel y Mike Ward, entre otros. Para más información, ver Barry Popik, «Insanity is doing the same thing and expecting a different result», 24 noviembre 2008, http://www.barrypopik.com/index.php/new_york_city/entry/insanity_is_doing_the_same_thing_and_expecting_different_results.
3. Dave Anderson, «Character: The First Non-Negotiable Trait of Leadership», My Success Company, http://staging.bluinc.com/news/character.html. Usado con permiso.

4. David L. Miller, «A Conversation with Stephen L. Carter - Why We Need a Transfusion», *The Lutheran* (Mineápolis; Augsburg Fortress, 1996), http://tatumweb.com/internet/integrity-01.htm.

5. La cita más antigua de este dicho aparece en el segundo capítulo del «Traité de la Vérité de la Religion Chrétienne» del apologeta protestante francés Jacques Abbadie, en 1684. Para más información en inglés sobre el tema, ver Garson O'Toole, «You Cannot Fool All the People All the Time», Quote Investigator, 11 diciembre 2013, http://quoteinvestigator.com/2013/12/11/cannot-fool.

6. Anna Guastello, «5 Signs You Are an Insecure Overachiever», Pine Tribe, 7 octubre 2014, http://pinetribe.com/signs-you-are-insecure-overachiever.

7. John H. Sammis (1846–1919), «Trust and Obey»; en español, «Para andar con Jesús», traducción por Vicente Mendoza (1875–1955). Dominio público.

8. Jim Kouzes y Barry Posner, *The Leadership Challenge*, 5a edición (San Francisco: Jossey-Bass, 2012), p. 16 [*El desafío del liderazgo* (Buenos Aires: Granica, 2005)].

9. Fraternidad de Compañías de Cristo Internacional, estudio de caso 99.08. Usado con permiso.

## Capítulo 7

1. Frase que resume las enseñanzas de Viktor Frankl en su libro *Man's Search for Meaning* (Nueva York: Washington Square, 1984), pp. 85–87 [*El hombre en busca de sentido* (Barcelona: Herder, 2004)].

2. Autor desconocido, «Decision», Sermon Illustrations, http://www.sermonillustrations.com/a-z/d/decision.htm.

3. Desmond Ryan, «Disney Animator Recalls Gamble That Was "Snow White"», *Chicago Tribune*, 24 julio 1987, http://articles.chicagotribune.com/1987-07-24/entertainment/8702240137_1_ward-kimball-snow-white-dwarfs.

4. Klyne Snodgrass, *Between Two Truths - Living with Biblical Tensions* (Eugene, OR: Wipf & Stock, 2004), p. 179 [*Entre dos verdades: Viviendo con tensiones bíblicas* (México: Comunicaciones del Pacto, 2000)].

5. Stephen R. Covey, *The 7 Habits of Highly Effective People* (Nueva York: Free Press, 1989), pp. 69–70 [*Los 7 hábitos de la gente eficaz* (México: Paidós, 1992)].

6. Fraternidad de Compañías de Cristo Internacional, estudio de caso 99.25. Usado con permiso.

# ACERCA DEL AUTOR

El doctor Andrés Panasiuk es uno de los líderes y conferencian-tes internacionales más reconocidos en Estados Unidos y América Latina. Es pastor, escritor, maestro y comunicador, así como un experto en asuntos familiares, religiosos y sociales. Cada día llega a millones de personas a través de sus libros, programas y conferen-cias con temas relacionados con la educación al consumidor y la eco-nomía.

Dr. Panasiuk es el fundador de El Instituto para la Cultura Financiera, una organización educativa sin fines de lucro que procu-ra proveer la alfabetización financiera, con el propósito de apoyar e impulsar a individuos y familias de habla hispana en todo el mundo. Esta institución continúa con el legado de Dr. Larry Burkett (1939–2003) y de Dr. Howard Dayton, quienes dedicaron sus vidas a la transformación económica de cientos de miles de familias en Estados Unidos.

Asimismo, es el presidente de Global Freedom Concepts, una organización internacional que recauda fondos para apoyar a minis-terios de alfabetización financiera en Latinoamérica proveyendo becas, capacitación y materiales de primer nivel en este campo.

Andrés es un prolífico escritor. Importantes figuras del liderazgo latinoamericano recomiendan sus libros y los eligen entre cientos de otros en todo el continente para su nominación a diferentes premios internacionales.

Su primer libro, *¿Cómo llego a fin de mes?*, recibió el premio al «Mejor libro original en español» en una de las exposiciones internacionales de literatura más importantes de Estados Unidos. Todos los libros y las publicaciones de su autoría se encuentran entre los más vendidos y solicitados en el continente.

Su voz e imagen son ampliamente conocidas entre la comunidad hispana gracias a diferentes programas de radio y televisión, tales como *Cultura Financiera*, *Enfoque a la Familia* y *El Club 700 Hoy*, que se transmiten en cientos de estaciones, llegando a millones de personas en el mundo de habla hispana. Además, a Dr. Panasiuk lo han entrevistado para *Despierta América*, de Univisión, CNN, el diario *El Nuevo Herald* y otros importantes medios internacionales de comunicación.

En el pasado, fue el administrador del departamento hispano de radio del conocido «Instituto Bíblico Moody», y sirvió por casi diez años como pastor, ministrando al pueblo latino de Chicago en uno de los barrios con mayor índice de violencia del país. En 1996, fundó el departamento hispano de Christian Financial Concepts, más tarde llamado Crown Financial Ministries, y llegó a ser su vicepresidente primero, a cargo de la División Internacional.

A lo largo de los años, Dr. Panasiuk ha aportado su experiencia y liderazgo participando en el directorio de organizaciones y ministerios internacionales. Entre ellos, la National Religious Broadcasters Association, la American Bible Society, Junior Achievement, el Instituto CanZion y otras importantes entidades de bien público, tanto dentro como fuera de Estados Unidos.

Andrés Panasiuk tiene una licenciatura en Ciencias de la Comunicación Social, con una especialización en Comunicación Interpersonal y de Grupo. En el año 2000, recibió un Doctorado Honorario en Divinidades en la República de la India.

Con su esposa Rochelle y sus tres hijos residen en el sur de Estados Unidos.

CPSIA information can be obtained
at www.ICGtesting.com
Printed in the USA
BVHW080212251121
622285BV00003B/13

9 781602 559295